Peter Gitzinger

111 Orte im Saarland, die man gesehen haben muss

111

emons:

Für meine Eltern Gerti und Willi

Bibliografische Information der Deutschen Nationalbibliothek
Die Deutsche Nationalbibliothek verzeichnet diese Publikation in der Deutschen Nationalbibliografie; detaillierte bibliografische Daten sind im Internet über http://dnb.d-nb.de abrufbar.

Gestaltung: Eva Kraskes, nach einem
Konzept von Lübbeke | Naumann | Thoben
Kartografie: altancicek.design, www.altancicek.de
Kartenbasisinformationen aus Openstreetmap,
© OpenStreetMap-Mitwirkende, ODbL
Druck und Bindung: Himmer GmbH Druckerei & Verlag, Augsburg
Printed in Germany 2021
Erstausgabe 2010
ISBN 978-3-7408-1265-2
Komplett aktualisierte Neuauflage August 2021

Vorwort

Seitdem ich für die erste Ausgabe dieses Buches im Saarland unterwegs war, sind zwölf Jahre vergangen. Nun gibt es eine komplett überarbeitete Auflage mit über 40 neuen Orten, das Konzept ist jedoch das alte geblieben: »111 Orte im Saarland, die man gesehen haben muss« ist ein Reiseführer, bei dem nicht die bekannten Sehenswürdigkeiten im Zentrum stehen, sondern die Perlen am Wegesrand. Wenn mich meine Reise trotzdem an die Saarschleife, das Saarbrücker Schloss oder die Völklinger Hütte geführt hat, dann ging es um einen ungewöhnlichen Blick auf diese Orte oder etwas Überraschendes in der unmittelbaren Umgebung.

Auf der mittlerweile dritten Reise durch meine alte Heimat bin ich wieder auf zahlreiche Orte gestoßen, die ich vorher nicht kannte und viele Leserinnen und Leser vermutlich auch nicht. Oder waren Sie schon mal im Museum für Saarländischen Aberglauben? Oder im ältesten Tabakladen des Landes? Oder im Lebensraum Kreckelbach?

Nicht nur die Auswahl der Orte, auch das Layout des Buches hat sich verändert. Die Orte sind jetzt alphabetisch geordnet, was einen besseren Überblick ermöglicht. Adressen, Öffnungszeiten, Kontaktdaten und die Verbindungen im ÖPNV wurden aktualisiert. Zusätzlich zu den üblichen Verkehrsmitteln kann man seit geraumer Zeit auch Rufbusse der KVS nutzen (Anmeldung bis eine Stunde vor Abfahrt unter 06831/1260060).

Und noch eine Anmerkung: Aus Gründen der Lesbarkeit habe ich auf eine gendergerechte Sprache verzichtet. Dennoch sollen sich selbstverständlich alle Leser*innen angesprochen fühlen.

Ich wünsche viel Spaß bei der Lektüre und vor allem auf den neuen Streifzügen durchs schöne Saarland.

111 Orte

Rue de
la FRONTIERE

BITTE
RUHE!
SILENCE!
NUR WIR
HEULEN HIER!

1 Das Naturschutzgebiet Wolferskopf

Zu Besuch bei Knabenkraut und Gelbbauchunke

Kaum jemand kennt den Wolferskopf, obwohl er mit 337 Hektar Fläche eines der größten Naturschutzgebiete des Landes ist. Und eines der ältesten. Zwischen Haustadt, Beckingen und Saarfels gelegen, beheimatet das Gebiet über ein Drittel der im Saarland heimischen Pflanzen. 54 Arten stehen auf der roten Liste der bedrohten Arten. Der »Megastar« auf dieser Liste ist das Übersehene Knabenkraut, eine Orchideenart, die bundesweit nur an zwei weiteren Orten vorkommt.

Auch die Fauna am Wolferskopf ist beachtenswert. 60 Vogelarten sind hier beheimatet, außerdem 23 Heuschreckenarten, die Hälfte aller im Saarland lebenden Falterarten (darunter der weltweit geschützte Feuerfalter), außerdem die gefährdeten Ringel- und Schlingnattern und die in ganz Europa vom Aussterben bedrohte Gelbbauchunke.

Grund für diese extreme Artenvielfalt ist die Kombination von naturbelassener Landschaft und gezielter agrarischer Nutzung. Teile des Wolferskopf werden durch zwei Obstbauern im Nebenerwerb und einen Biolandbetrieb ökologisch verträglich bewirtschaftet. Eine Herde Vogesenrinder beweidet einen Teil der Grünflächen und trägt so zum Erhalt der Magerrasen bei, der sich an nährstoffarmen Standorten bildet und an dem sich spezielle Pflanzen- und Tierarten ansiedeln. Ohne Beweidung würden diese Rasen verbuschen und damit die letzten Rückzugsgebiete der dort ansässigen Tiere verschwinden. Wie nach dem Weggang der letzten Bergmannsbauern aus diesem Gebiet in den 1960er Jahren.

Einen wunderschönen Ausblick vom Wolferskopf und einem Teil seiner circa 2.000 Streuobstbäume bietet der Zugang in Haustadt, oben angekommen kann man nicht nur in das liebliche Haustadter Tal hinabschauen, sondern hat an guten Tagen einen freien Blick bis zum Limberg und zum Schaumberg.

Adresse Neue Welt, Haustadt | ÖPNV Bus 201, Haltestelle Post | Anfahrt A8, Ausfahrt Beckingen, in Haustadt im Ort parken. In einer Kurve Abzweig zum Wolferskopf, circa 1,5 Kilometer bergauf, an einer Gabelung ist ein Wanderweg ausgeschildert. | Tipp An der Gabelung rechts geht es zu einem Wildrosengebiet, Blütezeit: Juni. Einen Besuch lohnt das Gasthaus Urhahn-Adam, eine Spielstätte für Mundart-Theater (Haustadter Talstraße 234).

2 Die Honzer Felsenkeller

Ungewöhnliche Lagerräume im Sandstein

Was macht man mit Kartoffeln oder Äpfeln, wenn man sie länger aufbewahren möchte? Man legt sie in den Keller. Und wenn man keinen Keller hat? Dann haut man sich einen in den nächstbesten Berg. In Honzrath haben vor 150 bis 200 Jahren kellerlose Einwohner damit begonnen, bis zu acht Meter tiefe Löcher in den Kappberg zu schlagen. Mit der Spitzhacke – Zentimeter um Zentimeter. Diese handgemachten Kellerräume boten zwei Vorteile: Sie hatten die immer gleiche Temperatur und waren absolut wetterbeständig - der ideale Lagerraum für Lebensmittel. Und weil ein solcher Keller sehr praktisch war, wollten bald alle einen haben.

Die Keller im Kappberg dienten bis ins 20. Jahrhundert auch als Ställe, vor allem für die Ziegen der Nebenerwerbsbauern. Im Zweiten Weltkrieg wurden die Räume bis zum Eintreffen der amerikanischen Truppen im März 1945 als Luftschutzbunker genutzt, so mussten die Einheimischen nicht evakuiert werden. In den letzten Jahren sind zahlreiche Keller, die nicht mehr gepflegt waren, renoviert und in ihren ursprünglichen Zustand zurückversetzt worden. Viele davon werden immer noch als Lagerräume genutzt. Wer weiß, vielleicht hat auch der aus Honzrath stammende Darts-Profi Gabriel »German Giant« Clemens früher seine Wurfscheiben in einem der Felsenkeller aufbewahrt. Oder die berühmte Wahrsagerin Madame Buchela ihre Kristallkugeln.

In früheren Zeiten wurden an die 140 Keller gezählt, doch die Wurzeln der darüberliegenden Bäume brachten einige davon zum Einsturz. Rund 100 Felsenkeller sind übrig geblieben, und ihre dicht aneinandergereihten, teils farbig bemalten Türen wirken an dem schroffen Sandsteinfelsen wie bunte Perlen an einer Kette. Aufgrund ihrer räumlichen Dichte und dem guten Gesamtzustand sind die Honzer Felsenkeller wohl eine einzigartige Anlage in Deutschland. Das wird hoffentlich bald wieder gefeiert, beim traditionellen »Felskellerfeschd«.

Adresse Kathreinenstraße, 66701 Honzrath | ÖPNV Bus 238, Haltestelle Katharinenplatz, 5 Minuten Fußweg | Anfahrt A8, Ausfahrt Beckingen, über Haustadt | Öffnungszeiten außen ganzjährig | Tipp Wenn man der Merchinger Straße knapp 2 Kilometer folgt, liegt linker Hand die historische Kalkofenhütte. Allein der Blick von der Aussichtsplattform lohnt den Weg.

3 Die Odilienquelle

Wunderborn fürs Augenlicht

Der Staatsforst »Großer Lückner« zwischen Losheim und Nunkirchen ist ein Ort, an dem schon Menschen aus der La-Tène-Zeit (5. bis 1. Jahrhundert v. Chr.) siedelten. Und weil überall dort, wo Menschen sind, auch Geschichten erzählt werden, steckt der Lückner voller Geschichten. Die vermutlich bekannteste ist die Legende der heiligen Odilie.

Wir schreiben das achte Jahrhundert. Odilie, die Tochter eines elsässischen Herzogs, kommt blind zur Welt. Da man im Mittelalter wenig Verständnis für Geburtsfehler hat, wird Odilie von ihrem Vater verstoßen. Ihre Amme bringt sie jedoch in ein Kloster, wo das Kind getauft wird und im selben Moment wieder sehen kann … ein Wunder! Der Vater bereut sein sündiges Verhalten, macht aus seiner Burg ein Kloster und ernennt seine Tochter zur Äbtissin. Kaum im Amt, schlägt diese mit einem Stab eine Quelle aus dem Klosterfelsen: die Odilienquelle. Das Kloster steht bis heute auf dem Odilienberg im Elsass und ist ein bekannter Wallfahrtsort.

Im Lückner wird die Geschichte ein wenig anders erzählt. Odilie soll ihre kranken Augen an einer Quelle im Wald gekühlt haben. Ihr Vater findet seine auf wundersame Weise geheilte Tochter und bringt sie zurück auf seine Burg. Mithin hat nicht Odilie das Wunder an der Quelle bewirkt, sondern die Quelle an ihr.

Fest steht, dass es im Lückner eine Heilquelle gab, die im Mittelalter der heiligen Odilie geweiht wurde. Schon im 17. Jahrhundert gab es dort eine Kapelle, die heutige stammt aus dem Jahr 1861, und um sie herum wird ein eigentümlicher Brauch gepflegt, das »Kinnerstechen« (hochdt. »Kinderstecken«). Kinder und Erwachsene stellen kleine selbst gemachte und mit Zetteln versehene Holzkreuze auf. Auf den Zetteln bitten sie um die Erfüllung eines Kinderwunsches oder um ein Geschwisterchen. So heißt es bis zum heutigen Tage in den Dörfern rund um den Lückner: »Kinnerstechen gehn«. Für Odilie war dieser Brauch kein Thema. Als Nonne blieb sie bewusst kinderlos.

Adresse zwischen Abzweig Wahlen und Oppener Straße, 66701 Oppen | **Anfahrt** Zwischen Michelbach und Nunkirchen Abzweig nach Beckingen, circa 4 Kilometer geradeaus, über den Abzweig nach Wahlen weg, rechts auf Parkplatz. Von dort zu Fuß 100 Meter gegen die Fahrtrichtung, links in den Wald, circa 300 Meter bis zur Kapelle. | **Öffnungszeiten** außen ganzjährig | **Tipp** Die Kapelle liegt an der zertifizierten Lückner-Traumschleife und am Saar-Lückner-Rundradweg.

4 Die Gulliver-Welt 2.0

Revival einer Weltreise

Wo kann man Schloss Neuschwanstein, die Berliner Mauer, den Eiffelturm, Big Ben, die Cheops-Pyramide und den Petersdom innerhalb von einer Stunde besichtigen? Natürlich im Saarland. Genauer: in der Gulliver-Welt 2.0 in Bexbach. Im Blumengarten neben dem Hindenburgturm.

Die Gulliver-Welt 2.0 ist quasi das Ergebnis einer Transplantation. Sie stand ursprünglich im Deutsch-Französischen Garten in Saarbrücken. Doch obwohl die Miniaturgebäude bei den Besuchern sehr beliebt waren, kümmerte man sich nicht so richtig um sie. Um die Miniaturen. Sie wurden zunehmend unansehnlicher und trugen auch den einen oder anderen Schaden davon. Doch so, wie es die Statue Cristo Redentor in Rio, die ebenfalls Teil der Anlage ist, vormacht, kam ein Retter mit ausgebreiteten Armen daher, in Gestalt einer Firma für Naturwaren. Sie kaufte die Modelle und bewahrte die kleinen Schätzchen vor dem Verschwinden.

Danach machten sich fleißige Handwerker daran, jedes einzelne der insgesamt 29 Kunstwerke liebevoll zu restaurieren, bis sie schließlich wieder wie neu waren. 2017 konnte die Wiedereröffnung gefeiert werden, und die Gulliver-Welt wurde ganz zeitgeistig mit dem Kürzel »2.0« versehen, dem Internetsynonym für eine veränderte Nutzung. Jetzt kann man also im anmutigen Ambiente des Bexbacher Blumengartens auf eine Weltreise im Kleinformat gehen. Vorbei an den bedeutendsten Bauwerken unseres Planeten. Für die heimatverbundenen Besucher ist ebenfalls gesorgt: Das Winterbergdenkmal, das Saarbrücker Schloss und die Ludwigskirche sind auch dabei.

Für die einen ist der Besuch der Gulliver-Welt 2.0 eine neue Erfahrung, für alte DFG-Hasen ein nostalgisches Schwelgen in Erinnerungen. Schon 1976, als die Gulliver-Welt 1.0 eröffnet wurde, hieß der Slogan »Die Welt bereisen im Saarland«. Das kann man jetzt wieder. Diesmal ist der Garten nur nicht deutsch-französisch und auch nicht in Saarbrücken.

Adresse Im Blumengarten, 66450 Bexbach | ÖPNV Bus 508, Haltestelle Blumengarten | Anfahrt A8, Ausfahrt Neunkirchen-Kohlhof oder Wellesweiler | Öffnungszeiten ganzjährig, Eintritt frei, Info unter Tel. 06841/709286 | Tipp Im Hindenburgturm kann man das Saarländische Bergbaumuseum besuchen. Unter Tage einfahren inklusive.

5 Die Zwiwwel

Im Rauchwarenladen von anno Tobak

Schon die Fassade des 1786 erbauten Hauses und die anachronistische Schaufensterauslage lassen erahnen, dass man vor keinem gewöhnlichen Laden steht. Laut dem aktuellen Besitzer Andreas Burger ist »Die Zwiwwel« der älteste seit seiner Eröffnung (im Jahr 1873) durchgehend geöffnete Tabakladen der Welt.

Aber warum heißt ein Tabakladen wie ein Gemüse? Ursprünglich handelte es sich um einen Kolonialwarenladen, in dem auch Lebensmittel verkauft wurden. Der damalige Besitzer saß früher gern auf einer Bank vor dem Laden, schälte sich eine Zwiebel und verzehrte sie. Daraufhin gab man ihm und seinem Geschäft den Spitznamen »Die Zwiwwel«.

Betritt man das winzige Lädchen durch die schwere Holztür, gleicht dies einer Zeitreise: In den 1940er Jahren wurde der Laden in ein Tabak- und Spirituosengeschäft umgewandelt und das Interieur seitdem nicht mehr verändert. Auf dem Boden: dicke Zementfliesen. An der Wand: in Gips gelegte kobaltblaue Kacheln. Auf dem Tresen: die laut Originalsiegel vermutlich älteste Registrierkasse des Landes. 450 verschiedene Tabaksorten kann man in der Zwiwwel erwerben, und rund 2.000 verschiedene Tabakzubehörteile – vom Zigarrenschneider bis zum Glutkiller. Neben 10.000 Feuerzeugen aus allen Epochen besitzt Burger auch rund 700 ungerauchte Pfeifen, darunter eine handgeschnitzte indonesische Piratenpfeife, eine türkische Meerschaumpfeife mit dem Bildnis eines Großwesirs und zwei Sherlock-Holmes-Pfeifen. Einige davon sind im Laden ausgestellt, die meisten befinden sich in den großen Schubladen oder im Lager.

Burger will demnächst den Stab übergeben, am liebsten an jemanden, der den Laden in seiner jetzigen Form erhält. Der neue Besitzer übernimmt dafür die Lizenz für »Waren aller Art« – er kann verkaufen, was immer er möchte, außer Medikamente, Waffen und … Lebensmittel, wegen des Nikotins an der Decke – aus nun fast 150 Jahren.

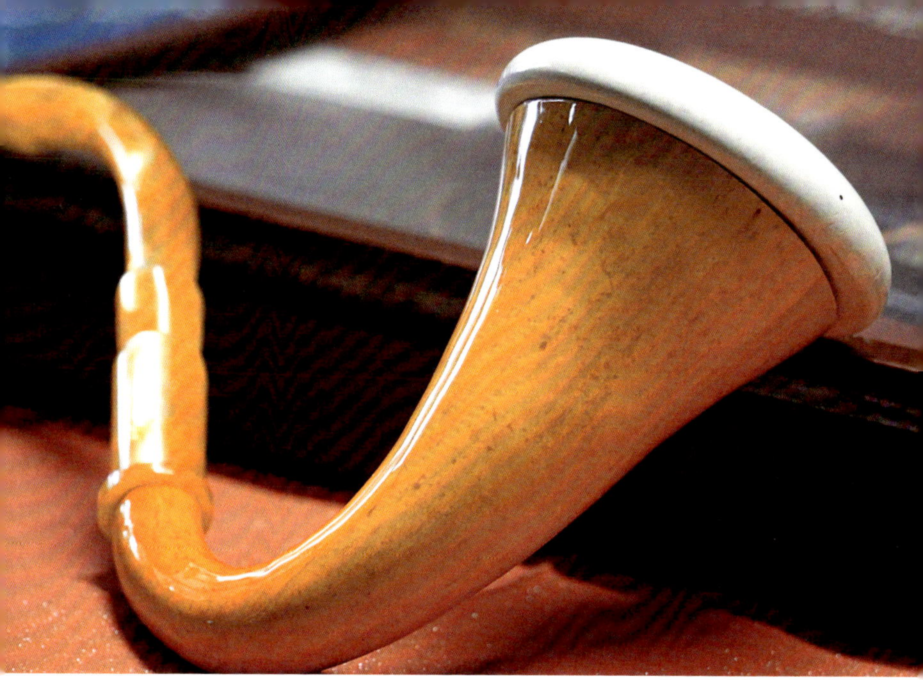

Adresse Kardinal-Wendel-Straße 20, 66440 Blieskastel | ÖPNV Bus R10/506, Haltestelle Busbahnhof, kurzer Fußweg | Anfahrt A6, Ausfahrt Rohrbach/Blieskastel, parken am Paradeplatz | Öffnungszeiten Mo–Fr 9–18, Sa 9–14 Uhr und »immer, wenn das Licht brennt« | Tipp In der Krypta der spätbarocken Schlosskirche (Schloßbergstraße 47) befinden sich die Gräber von Graf Franz Karl und Reichsgräfin Marianne von der Leyen.

6 Die Stephanuskirche

Kirche des Jahres auf Kleeblatt-Grundriss

In einem der äußeren Zipfel des Bliesgaus, abseits von Autobahnen und Bundesstraßen, liegt der 350-Seelen-Ort Böckweiler. Mittendrin, an der Hauptstraße, hinter dem Lindenbrunnen, steht ein architektonisches Kleinod: die Stephanuskirche.

Nach starken Bombardements im Zweiten Weltkrieg wurden im Umfeld der Kirche umfangreiche Grabungen durchgeführt. Deshalb weiß man über ihre Geschichte ziemlich gut Bescheid. Es wurden Mauern einer römischen Villa gefunden, und darüber die Reste einer dreischiffigen karolingischen Basilika, die offensichtlich Teil einer Klosteranlage war. Die Steinplatten im Rasen vor der Kirche bilden den Grundriss der Basilika nach. Unter einer Glasplatte im Innern der Kirche kann man noch eine Ecke der alten Fundamente sehen.

Der heutige, romanische Bau stammt aus dem 11. Jahrhundert und findet 1149 als Prioratskirche des Benediktinerklosters Hornbach Erwähnung. Der Grundriss bildet eine Kleeblattform, darüber erhebt sich ein schlichter Drei-Konchen-Bau mit Chorturm. Diese Ausformung ist extrem ungewöhnlich, die Stephanuskirche ist die einzige ihrer Art in der gesamten Region. Von der romanischen Ausstattung ist leider nur ein bronzenes Vortragekreuz erhalten, das heute im Saarbrücker Landesmuseum für Vor- und Frühgeschichte zu sehen ist.

Im Zuge der Reformation wurde Böckweiler mitsamt Stephanuskirche evangelisch. Mittlerweile wird sie auch wieder von den Katholiken genutzt. Sie ist damit zurzeit eine von zwei Simultankirchen im Saarland. Im Dreißigjährigen Krieg und im Zweiten Weltkrieg wurde sie stark beschädigt, danach aber von Grund auf renoviert. Dabei wurde das Langhaus etwas nach Westen verlängert.

Nach all den Jahrhunderten wurde der Stephanuskirche im Jahr 2020 eine besondere Ehre zuteil: Die Stiftung zur Bewahrung kirchlicher Baudenkmäler (Stiftung KiBa) wählte sie zur »Kirche des Jahres«.

Adresse Fritz-Schunck-Straße 23, 66440 Böckweiler | **ÖPNV** Bus 577, Haltestelle Kirche | **Anfahrt** A6, Ausfahrt Rohrbach, über Blieskastel und Mimbach | **Öffnungszeiten** Info beim Pfarramt (Tel. 06842/2290) | **Tipp** Zwischen Böckweiler und Mimbach liegt der Neukahlenberger Hof mit hauseigener Bio-Käserei (Tel. 06843/900034).

7 Der Annahof

Die Sommerresidenz der Reichsgräfin

In einem der schönsten Täler der Bliesregion liegt der Würzbacher Weiher, ein wildromantischer See, gespeist vom gleichnamigen Bach. An seinen Ufern fallen zwei Gebäude ins Auge: der »Rote Bau« (das Lustschloss »Monplaisir«) auf der Bahnseite und auf der gegenüberliegenden Seite des Sees der Annahof, auch »Runder Bau« genannt. Zusammen mit dem See bilden die beiden Gebäude das reinste Barock-Idyll. Dem Besucher geht es wie dem Palmström im gleichnamigen Gedicht von Christian Morgenstern, der »an einem Teiche« steht und den dann »unvermittelt nackt / die Ehrfurcht vor dem Schönen packt«.

Wie so oft, wenn einen in diesem Teil des Landes die Ehrfurcht vor dem Schönen packt, hat die Familie von der Leyen ihre Finger im Spiel. Im Jahr 1773 entstehen rund um den Würzbacher Weiher – als Sommerresidenz der Familie – ein repräsentatives Landschloss und diverse kleinere Bauten. Im selben Jahr überlässt Reichsgraf Franz Karl seiner Frau Marianne den Annahof als Weihnachtsgeschenk, »zum Genuss und freier Disposition, zu Ihrer Veränderung und zum Vergnügen«.

Genießen und verändern, das tat die Reichsgräfin dann auch. Sie verwandelte das Seeufer in einen weitläufigen Landschaftsgarten nach englischem Vorbild. 20 Jahre nach der Geschenkübergabe wird das Schloss durch französische Revolutionstruppen zerstört. Nach einer mehrtägigen Flucht durch den Bliesgau gelangt die Reichsgräfin zum Homburger Karlsberg, der von den Preußen besetzt ist. Im Juni 1793 kommt sie schließlich nach Frankfurt, wo sie gut zehn Jahre später stirbt. Nach dem Abzug der Franzosen sind von der Schlossanlage nur noch das Pförtnerhäuschen und der Annahof übrig, ein zweigeschossiger Wohnbau mit roten Walmdächern, an den sich halbkreisförmig die Wirtschaftstrakte anschließen. Das Gebäude befindet sich heute in Privatbesitz und ist zu einem Hotel-Restaurant mit herrlichem Innenhof umgewandelt worden.

Adresse Annahof, 66440 Niederwürzbach | ÖPNV DB, Haltestelle Würzbach, von dort 700 Meter zu Fuß | Anfahrt A6, Ausfahrt St. Ingbert/N'würzbach, über Hassel oder A8, Ausfahrt Blieskastel, über Lautzkirchen, der Annahof ist beschildert | Öffnungszeiten Restaurant Mo–Fr 14–23 Uhr, Sa 11–23 Uhr, So 11–19 Uhr (Tel. 06842/96020) | Tipp Fußläufig in 5 Minuten erreicht man das Gut Junkerswald (1903). Der Architekt, Georg von Hauberrisser, entwarf auch das Saarbrücker Rathaus in St. Johann.

8 Das Kloster Heiligenborn

Europäische Bildung durch Mönche

Steil bergan geht es von der Straße zu einem der beeindruckendsten Sakralbauten der 1950er Jahre im Saarland: die Kirche des ehemaligen Klosters Heiligenborn. Der architektonische Zeitgeist ist bereits an der Vorderseite gut zu erkennen, die gesamte Imposanz des Gebäudes erschließt sich aber nur von der Rückseite. Erst hier zeigt sich der gewaltige, lang gezogene Rundbau, der sich bis zur Waldgrenze erstreckt.

Das Kloster wurde bereits Ende der 1940er Jahre gegründet. Nach dem Krieg wollte man im Saarland neue Impulse für eine europäisch ausgerichtete Bildungspolitik setzen. Die Ansiedlung der Ordensgemeinschaft der Redemptoristen mitsamt Klosterschule (1950–1979) erschien als ein möglicher Weg. Im teilweise skurrilen Pragmatismus der Nachkriegsjahre stellte man den Brüdern ein ehemaliges Heim der Hitlerjugend zur Verfügung. Der germanisch anmutende Name Heiligenborn geht jedoch nicht auf das NS-Regime zurück, sondern auf eine christliche Legende: Ein Missionar soll an einer nahegelegenen Quelle sein Lager aufgeschlagen haben.

Der Auftrag für den 1952 eingeweihten Kirchenbau ging an den Künstler György Lehoczky, der eine Trutzburg gegen die unchristlichen Tendenzen jener Zeit errichten wollte, was sich in der Ausgestaltung der Kirche niederschlug. Auch im Innern. Dort gibt es zudem ein interessantes Detail: Eines der Fenster ziert das grüne Europawappen (»E«), zu jener Zeit ein Novum in einer Kirche. »Einige Europa in Christus«, lautet die an Maria gerichtete Botschaft. Passender hätte der damalige saarländische Ministerpräsident Johannes Hoffmann seine Überzeugungen nicht zum Ausdruck bringen können. Er war nicht nur bekennender Fan der europäischen Idee, sondern auch der Gottesmutter. 2009 wurde das Kloster aufgegeben, acht Jahre später von einer bekannten Unternehmensgruppe ersteigert. Geplant ist bislang eine Schulungsstätte für Pflegeberufe.

Adresse Klosterweg 3, 66359 Bous | ÖPNV DB, Haltestelle Bous, 10 Minuten Fußweg; Bus 405, Haltestelle Kloster Heiligenborn | Anfahrt A620, Ausfahrt Wadgassen/Bous, Richtung Wadgassen, über die Saar nach Bous | Öffnungszeiten außen ganzjährig | Tipp In der Nähe steht die »Pilgerwalze«, ein über hundert Jahre altes, 45 Tonnen schweres Rohrwalzgerüst aus den ehemaligen Röhrenwerken Bous. Zugang über die Saarbrücker Straße.

9 Die »Thalia-Lichtspiele«

Arthouse-Kino im Familienbetrieb

Im Kino sitzen und die Beine einfach mal komplett ausstrecken? Wer dies einmal erleben möchte, muss den Thalia-Lichtspielen in Bous einen Besuch abstatten. Der Abstand zwischen den einzeln abgetrennten Reihen ist so großzügig bemessen, dass die Gäste eine ungewohnt große Beinfreiheit und durch das Saalgefälle eine ungetrübte Sicht auf die 11 Meter breite Leinwand haben.

Kino in Bous ist seit vielen Jahrzehnten identisch mit dem Namen Martin. Bereits 1924 eröffnet Peter Martin, der Großvater des heutigen Besitzers, das Union-Theater in der Kirchstraße. Als Sohn Herbert 1947 aus französischer Gefangenschaft nach Hause kommt, übernimmt er die »Regie«. Im Mai 1957 eröffnet Herbert dann das Thalia, mit damals rund 450 Sitzplätzen.

Anlässlich des 50-jährigen Jubiläums wurde das Kino 2007 renoviert, die Arkaden im Eingangsbereich und das Foyer neu gestaltet. Die technische Ausstattung genügt modernsten Ansprüchen, genau wie das Programm: aktuelle Filme, oft auch im Bundesstart, aber auch anspruchsvolle Arthouse-Filme, hin und wieder auch eine Dokumentation, natürlich alles digital. 2020 wurde das Thalia als das Kino mit dem »besten Programm des Saarlandes« ausgezeichnet.

Ab 2013 entstanden auf einem ehemaligen Parkplatz neben dem Thalia in nur 9½ Monaten (nicht 9½ Wochen) zwei weitere barrierefreie Kinosäle. Ende November 2019 wurden die alten Kinosessel verkauft und ein Teil der Einnahmen dem Förderverein eines Hospizes gespendet. Doch wo genau sind die alten Sessel gelandet? Es gab eine Umfrage, und das beste »Plätzchen« wurde prämiert. Der Gewinner: der Wartebereich eines Friseurs.

In Bous wird dem Kinosterben Einhalt geboten. Das liegt an den vielen kreativen Ideen, am großen Einsatz der Mitarbeiter und an der Tatsache, dass das Thalia noch immer in Familienbesitz ist. Der aktuelle Betreiber heißt übrigens auch Peter, wie sein Großvater.

Adresse Saarbrücker Straße 91, 66359 Bous | ÖPNV DB, Haltestelle Bous, kurzer Fußweg | Anfahrt A620, Ausfahrt Wadgassen, über die Saar nach Bous, erste links | Öffnungszeiten Info: Tel. 06834/2246, Di, Mi Kinotag | Tipp Ein paar Meter weiter, im Alten Rathaus (Saarbrücker Straße 118), finden regelmäßig Kunstausstellungen von Hobbykünstlern statt (www.hokuta-bous.de).

10 Das Dillinger Triptychon

Geheimnisumwobener Schatz im Saardom

Den Dillinger Saardom dürfte so ziemlich jeder erwachsene Saarländer kennen. Er gilt als die bedeutendste Kirche des ausgehenden Historismus und der größte Sakralbau im Saarland. Nicht allzu viele dürften hingegen wissen, dass sich in seinem Inneren einer der größten Kunstschätze des Landes befindet: das »Dillinger Triptychon«.

Es handelt sich, wie der Name schon verrät, um ein dreiflügeliges Altarbild, und dieses Kunstwerk birgt einige Geheimnisse. Bekannt ist, dass es im frühen 16. Jahrhundert von einem niederländischen Künstler angefertigt wurde und, weil es relativ kleinformatig ist, offenbar nicht für einen allzu großen Kirchenraum gedacht war. Unbekannt ist, wer genau der Künstler war, denn das Werk wurde nicht signiert. Klarheit besteht hingegen über die Abbildungen. Das Thema des mittleren Bildes zeigt die Anbetung des Kindes durch die drei Weisen, der linke Flügel die Verkündigung an Maria durch den Erzengel Gabriel, der rechte die Geburt Jesu in Bethlehem.

Unklar wiederum ist, wie das Gemälde nach Dillingen kam. Eine verbreitete These lautet, es sei Ende des 17. Jahrhunderts von Hüttenarbeitern aus der Gegend um Lüttich mitgebracht worden und so in den Besitz der Dillinger Hütte gekommen. Sicher weiß man, dass es sich früher in der Dillinger Schlosskapelle befand, 1804 in den Besitz der katholischen Kirchengemeinde überging, bis zur Mitte des Jahrhunderts in der alten Luzienkirche hing und erst 1912 in den Saardom gelangte.

Später wurde es dann wieder geheimnisvoll: Das kostbare Triptychon galt lange als vermisst, bis der damalige Pastor es in den 1950er Jahren ziemlich derangiert auf dem Dachboden des Pfarrhauses wiederfand. Seitdem ist es ein Wallfahrtsobjekt und wird bis heute öffentlich im Saardom ausgestellt, allerdings nur in der Weihnachtszeit und am Dreikönigsfest. Die besten Künstler machen sich eben rar. Auch wenn sie unbekannt sind.

Adresse Saarstraße 44, 66763 Dillingen | ÖPNV DB, Haltestelle Dillingen, 10 Minuten zu Fuß; Bus 444, Haltestelle Saardom | Anfahrt A620, Ausfahrt Saarlouis/Dillingen, Richtung Dillingen-Mitte, über Konrad-Adenauer Allee, Merziger und Saarstraße | Öffnungszeiten Info im Pfarrbüro: Tel. 06831/71246. Triptychon: an Weihnachten und am Dreikönigsfest | Tipp Der Saardom ist eine der Spielstätten des alljährlichen »Orgelsommers«. Die Orgel stand früher im Konzertsaal des Kölner Gürzenichs.

11 Die Martinshütte

Bester Stoff für Stahl- und Eisenbahn-Junkies

Die Martinshütte ist in zweifacher Hinsicht ungewöhnlich. Erstens ist sie kein Ort, den man betreten kann. Und zweitens existiert sie nicht wirklich. Die Martinshütte ist eine knapp 17 Meter lange und 90 Zentimeter breite H0-Modelleisenbahn, die die Produktionsschritte auf der Dillinger Hütte nachempfindet: von der Ankunft des Erzes bis zum fertigen Stahlblech – alle »rollenden« Teile detailgetreu im Maßstab 1:87. Wäre man bei den Gebäuden auch maßstabsgetreu geblieben, hätte das Modell die Größe eines Fußballfeldes. Nebelgeneratoren sorgen für Dampf und Rauch, LED-Birnen für authentische Beleuchtung, sogar der Ton der Werkssirene ist echt. Die Liebe zum Detail brachten die Erbauer in das Projekt ein: die »Eisenbahnfreunde Dillingen«. 15 Mitglieder des Vereins basteln regelmäßig an der Martinshütte, in ihrem Clubheim, wo man die Bahn während der Vereinsabende auch in Aktion erleben kann. Oder beim »Adventsfahren« und der »Langen Nacht der Modellbahn«.

Zu Beginn, 1995, war sie »nur« ein neun Meter langer Schaukasten. 2001 hatten die Eisenbahnfreunde sie schon auf zwölf Meter anwachsen lassen. Damals auch schon dabei: Uwe Braun, der heutige Vorsitzende des Vereins. Zwei Jahre später bauten er und seine Mitstreiter die erste Technik ein. Wieder ein paar Jahre später trat der Besitzer der Bahn aus dem Verein aus und lagerte sie in einer Garage. 2010 kaufte der Verein sie zurück und beauftragte Braun damit, sie wieder in Schuss zu bringen. Der Erste, der ihn dabei unterstützte, war sein Vereinskollege Winfried Martin. Aus dem gemeinsamen Projekt entwickelte sich eine Freundschaft, und so wurde Martin nach seinem Tod im Jahr 2016 zum Namensgeber der Hütte.

Über 30.000 Euro hat der Verein in das Projekt gesteckt – und endlos viel Arbeit. Das Ergebnis ist wohl weltweit einmalig. Deshalb ist die Martinshütte bei allen bedeutenden Modellbau-Messen im Einsatz und mittlerweile auch ein kleiner YouTube-»Star«.

Adresse Parkplatz Werderstraße/Am Stadion, 66763 Dillingen | ÖPNV Bus R5, Haltestelle Ostallee; Bus 424, Haltestelle Dieffler Tor | Anfahrt A8, Ausfahrt Dillingen-Mitte, A620, Ausfahrt Wallerfangen; das Vereinsheim befindet sich direkt am Stadion | Öffnungszeiten Vereinsabend: Di, Fr 18 Uhr; Termine auf www.eisenbahnfreunde-dillingen.de | Tipp An den Fahrtagen ist auch die Schauanlage Saarfurt zu sehen.

12 Der Ökosee

Naturschutz und Naherholung in der alten Saaraue

Kiebitze kreisen am Himmel, eine Biberratte springt ins Wasser, ein Eisvogelweibchen brütet am Uferrand. Wer glaubt, dass solche Bilder im Saarland einer lang vergangenen Zeit angehören, der täuscht sich. Wer zur richtigen Jahreszeit unterwegs ist und etwas Geduld aufbringt, kann all diese Dinge am Ökosee in Dillingen beobachten.

Der rund 80 Hektar große See entstand im Zuge der Saarkanalisierung als Ausgleichszone bei Hochwasser. Er dient aber auch als Ersatz für verloren gegangene Feuchtgebiete. Zunächst wurde er als unberührtes Biotop in den ehemaligen Saarauen belassen, im Laufe der Zeit wurden Maßnahmen getroffen, die es der Tierwelt erleichterten, sich im und um den See anzusiedeln. Hohes Schilf und Glanzgras säumen seine Ufer, außerdem wurden großflächige Flachwassergebiete geschaffen, die es vor allem den Zug- und Wasservögeln ermöglichen sollen, sich ungestört auszubreiten. Sie können im nunmehr flachen Wasser des Sees leichter Nahrung suchen.

Und auch die Menschen finden den Ökosee durchaus attraktiv. Er hat sich zu einem beliebten Naherholungsziel entwickelt, vor allem für Spaziergänger und Radfahrer. Um den See führt ein knapp vier Kilometer langer Rundweg, der an das saarländische Radwegenetz angebunden ist. Am Ostufer gibt es einen Beobachtungshügel, am Westufer hat der NABU zusammen mit der Stadt Dillingen eine Aussichtsplattform errichtet. Der vier Meter hohe Turm sollte die Attraktivität des Ökosees weiter steigern. Während der Bauarbeiten wurde im Nordteil des Gewässers ein Schiffswrack aus dem 18. Jahrhundert gefunden. Es wurde an seinem Fundort belassen und die Fundstelle am Ufer durch eine Hinweistafel markiert.

Am nördlichen Seeufer befindet sich ein Denkmal in Form eines Ankers. Es soll an den ehemaligen Umschlagplatz der Dillinger Hüttenwerke am Saarufer, den sogenannten Pähter Bock (Pachtener Bock), erinnern.

Adresse Am Bootshaus oder Konrad-Adenauer-Allee (Parkplatz), 66763 Dillingen | **ÖPNV** Bus 444, Haltestelle Eissporthalle | **Anfahrt** A8, Ausfahrt Dillingen-Mitte, über die Saar auf die Konrad-Adenauer-Allee | **Öffnungszeiten** ganzjährig | **Tipp** In der Nähe befindet sich das Museum Pachten (Fischerstraße 2, Tel. 06831/78907), Exponate zur Vor- und Frühgeschichte.

13 Die Villa Alhambra

Konsum und Kanzlei im alten Kino

Ein Stück Spanien inmitten der Hüttenstadt? Zumindest ein kleines Stück. Ihren Namen verdankt die Villa Alhambra, ein denkmalgeschütztes Art-déco-Gebäude aus dem Jahr 1924, seinen maurischen Stilelementen. Das ehemalige Kino, das auf eine wechselvolle Geschichte zurückblicken kann, geht auf einen Vorgängerbau von 1911 zurück, der an einen griechischen Tempel erinnerte und in dem sich das »Kinematographen-Theater Helios« befand. Infolge der Wirtschaftskrise und der damit einhergehenden Inflation wurde es am 22. März 1924 geschlossen.

Nach dem Umbau in die heutige Form wurde am 29. Mai 1925 als Premiere »Der Demütige und die Sängerin« gespielt. Parkett, drei Ränge und Logen ersetzten den einfachen Saal. Die Eintrittskarten für die von einem Orchester begleiteten Vorführungen kosteten zwischen zwei und sechs Franken. Während der Zeit des Völkerbunds, genauer seit dem 1. Juni 1923 hatte der Franc die Mark als offizielle Währung des Saarlands abgelöst. Am 5. Juni 1925 feierte dann der erste Farbfilm Premiere.

Ein Jahr später wurde das Kino von Sebastian Thies übernommen und wiederum zwei Jahre später in »Alhambra Filmtheater« umbenannt. Im Zweiten Weltkrieg wurde es erneut geschlossen, aber schon 1949 unter der Verwaltung von Henry Marx wiedereröffnet. Vier Jahre danach übernahm die Firma Vereinigte Filmtheater Hermann Marzen das Alhambra. Es war mindestens bis 1971 in Betrieb, in seinen späten Jahren aber auf eher fragwürdige Streifen wie Kung-Fu-Filme und den »Schulmädchen-Report« spezialisiert.

Nach seiner endgültigen Schließung stand das Kino lange Zeit leer, bis es schließlich in ein Geschäfts- und Bürogebäude umgewandelt wurde. Die eindrucksvolle Fassade, die ursprünglich dunkelgrau war, wurde mitsamt ihrer zeittypischen Winkelornamentik beibehalten. Und so kann man bis heute mitten in der Dillinger Innenstadt ein kleines Stück Spanien finden.

Adresse Hüttenwerkstraße 28, 66763 Dillingen | ÖPNV DB, Haltestelle Dillingen/Saar, 10 Minuten Fußweg | Anfahrt A8, Ausfahrt Dillingen-Süd, Richtung Dillingen/Hafen, oder A8, Ausfahrt Dillingen-Mitte | Öffnungszeiten außen ganzjährig | Tipp Folgt man der Hüttenwerkstraße 250 Meter weiter, gelangt man zur Skulptur »Nach der Schicht«, eine mehr als vier Meter hohe Figurengruppe aus Eisenstäben.

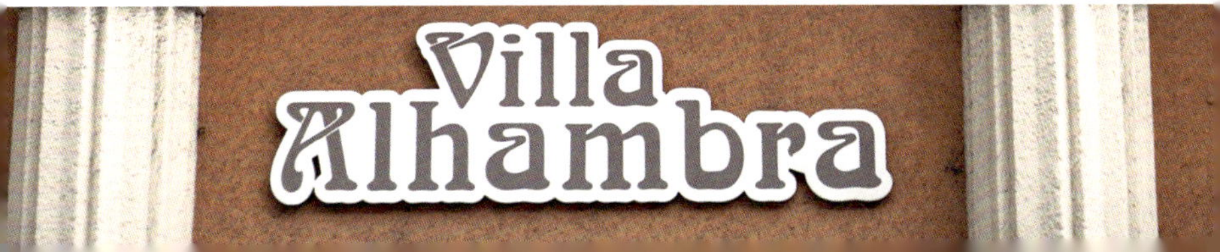

14 Das Freibad

Badespaß am Fuße des Schlackenbergs

Mutige Kinder springen quietschend vom Dreier, und »coole« Jungs werfen schreiende Mädels, die sich nur halbherzig dagegen wehren, ins Wasser. Anschließend kaufen sich alle zusammen ein Wassereis und lutschen selig daran. An den Ritualen eines Freibadbesuchs hat sich auch im beginnenden 21. Jahrhundert offenbar nichts geändert.

Ein besonders schönes Exemplar der vom Aussterben bedrohten Art der Freibäder gibt es in Ensdorf, am Rande eines Waldes in der Nähe des Schlackenberges. Es bietet alles, was man von einem Freibad erwarten darf: einen Schwimmer- und einen Nichtschwimmerbereich, ein Planschbecken mit Kinderrutsche, eine Sprunganlage (Einmeter- und Dreimeterbrett) und eine 59 Meter lange Riesenwasserrutsche. Doch den staunenden Besucher erwartet noch etwas anderes: die größte zusammenhängende Wasserfläche in einem Freibad in Südwestdeutschland. Das riesige Kombi-Becken, das sich wie ein kleiner See vor einem ausstreckt, ist 50 Meter breit (das ist die übliche Beckenlänge) und sage und schreibe 125 Meter lang! Die ungewöhnliche Größe des Freibads, so wird gemunkelt, sei der Tatsache zu verdanken, dass man zur Zeit des Baus über extrem billige Arbeitskräfte verfügte. Junge Männer zwischen 18 und 24 Jahren, die ihre Pflichtzeit im Reichsarbeitsdienst ableisten mussten, sollen die Grube ausgebuddelt haben, nur mit Schaufeln bewaffnet und ohne den Einsatz von technischem Hilfsgerät.

Dass Wasser für ein Freibad auch zum Problem werden kann, zeigte sich im Jahr 2008. Infolge eines Unwetters wurde der nahe gelegene, ansonsten unscheinbare Lochbach zum reißenden Strom und überschwemmte die gesamte Anlage. Die Kosten für die Reinigung und das Wiederbefüllen des Beckens: rund 50.000 Euro. Kurz darauf erstrahlte die Anlage aber schon wieder in altem Glanz. Die großen, schattigen Liegewiesen luden wieder dazu ein, die Seele baumeln zu lassen.

Adresse Prälat-Anheier-Straße 30, 66806 Ensdorf | ÖPNV Bus 402/406, Haltestelle GH Zur Sonne | Anfahrt A8, Ausfahrt Dillingen-Süd oder A620, Ausfahrt Saarlouis-Mitte, in Ensdorf auf Provinzialstraße, am Kreisel links | Öffnungszeiten Info auf freibad-ensdorf.business.site | Tipp In der Prälat-Anheier-Straße befindet sich der alte Stollenmund der Grube Ensdorf. Am Ende der Straße: Einstieg in den Schlackenberg und zum Polygon.

15 Der »Schlackenberg«

Gipfelsturm auf Nebengestein

Er fällt schon von ferne ins Auge. Egal ob man von Saarlouis oder Berus ins Saartal schaut, der Ensdorfer »Schlackenberg« prägt das Landschaftsbild. Und das nicht erst, seit auf seinem Gipfel das imposante Saarpolygon errichtet wurde. Mit 150 Meter Höhe und einer Grundfläche von fast 50 Hektar ist die Bergehalde »Duhamel« eine der größten Deutschlands.

Der Begriff »Bergehalde« hat nichts mit einem Berg zu tun. Die Berge ist das nicht kohlenhaltige Nebengestein, das beim Abbau von Steinkohle anfällt. Über 70 Prozent davon wurde auf die Halde abtransportiert. Doch das ist inzwischen Vergangenheit. Am 30. Juni 2012 wurde das Bergwerk Ensdorf stillgelegt. Eine bedeutende Zäsur. Denn an diesem Tag wurde das Ende des Bergbaus im Saarland und damit das Ende einer Jahrhunderte alten Geschichte besiegelt.

Die Halde wird aber immer noch benutzt, vor allem zum Wandern. Drei Fußwege führen, an Skulpturen und einem Weinberg vorbei, hoch auf das Plateau, wobei es der letzte Anstieg mit bis zu 30 Prozent Steigung durchaus in sich hat. Dafür wird man auf dem Gipfel reich belohnt: Durch bequeme Sitzmöbel und eine grandiose Aussicht von dem bereits erwähnten Saarpolygon, einer begehbaren rund 30 Meter hohen Großplastik aus Stahl, die als Erinnerung an das Ende des saarländischen Bergbaus im September 2016 eingeweiht wurde. Bei gutem Wetter sieht man von hier aus bis zum Litermont.

Wer die Strapazen des Gipfelsturms nicht auf sich nehmen möchte, kann auch den Aussichtspunkt eine Etage tiefer ansteuern. Von hier hat man einen perfekten Blick ins Saartal: Linker Hand ein großes Waldgebiet, dann das Kraftwerk Ensdorf, die Lisdorfer Au, die sich wie ein bunter Flickenteppich an die Saar schmiegt, und ganz rechts die Dillinger Hütte. Hier zeigt sich das Saarland in verdichteter Form, im Wechsel von Natur und Zivilisation, von Agrar- und Industrielandschaft.

Adresse bei Fußenkreuz, 66806 Ensdorf | Anfahrt A8, Ausfahrt Schwalbach, über Hülzweiler nach Ensdorf, Parkplätze im Bereich der Großsporthalle, von Saarlouis kommend in Ensdorf auf der Provinzialstraße links ab | Öffnungszeiten ganzjährig; Saarpolygon: täglich 8–21 Uhr | Tipp Am Hülzweiler Waldsee liegt die Freilichtbühne Hülzweiler (Tel. 06831/506056).

16 Das Jean-Lurçat-Museum

Große Kunst in einer kleinen Schule

Was passiert, wenn ein katholischer Priester von einem verstorbenen Freund ein Haus erbt? Er verkauft das Haus und erwirbt im Gegenzug alle Werke eines unbekannten französischen Künstlers, die er im Internet, auf Auktionen oder bei Privatverkäufen in die Finger kriegen kann ... Klingt ziemlich abenteuerlich? Ist aber genau so passiert.

Im Jahr 1992 werden Pastor Matthias Marx und der mit ihm befreundete Vikar Paul Ludwig bei einem Museumsbesuch im französischen Angers auf den Künstler Jean Lurçat (1892–1966) aufmerksam. Lurçat ist Maler, aber seine größte Leidenschaft gilt der Tapisserie, der »Bildwirkerei«. Sie war für Lurçat gleichbedeutend mit Wandteppichen – gewaltigen, farbenprächtigen Wandteppichen, deren Herstellung teilweise mehrere Jahre in Anspruch nahm. In den 1920er Jahren hatte Lurçat erste bedeutende Ausstellungen in Paris und New York, nach dem Zweiten Weltkrieg gehörte er zu den bekanntesten Künstlern Europas. Durch ihn begannen auch Picasso und Matisse, sich mit der Kunst der Tapisserie auseinanderzusetzen.

Beeindruckt von der inhaltlichen und ästhetischen Wucht der Werke, packt die beiden Freunde die Sammelwut. Nach Ludwigs Tod im Jahr 1998 gründet Marx eine Stiftung und bringt das Vermögen des Verstorbenen darin ein. Sechs Jahre später wird in Marx' Heimatgemeinde Eppelborn – in der ehemaligen »Berufsschule für Mädchen« – das Jean-Lurçat-Museum eröffnet. Von der Malerei über die Keramik bis hin zur Tapisserie – insgesamt 300 Werke nennt das Museum sein Eigen. Aufgrund der Räumlichkeiten kann aber immer nur ein kleiner Teil ausgestellt werden.

Ein besonders eindrucksvolles Exponat ist »Der Hahn und die Sterne« aus dem Jahr 1965, der letzte Wandteppich, den Lurçat geschaffen hat. Sein ehemaliger Besitzer Paul Ludwig hatte dieses farbenfrohe Werk besonders in sein Herz geschlossen. Es hing lange in seinem Wohnzimmer.

Adresse Auf der Hohl, 66571 Eppelborn | ÖPNV DB, Haltestelle Eppelborn, 10 Minuten Fußweg | Anfahrt A1, Ausfahrt Eppelborn, das barrierefreie Museum ist ausgeschildert | Öffnungszeiten Mi, So von 14.30–18 Uhr. Führungen: Tel. 06881/897888 (zu den Öffnungszeiten) oder Tel. 06881/962628 (Kulturamt) | Tipp Im Ortsteil Dirmingen befindet sich das Freizeitzentrum Finkenrech mit seinem tollen Rosengarten.

17__Der Lebensraum Kreckelbach

Der Prinz, der einen Feldweg wachküsste

Am Beginn des Feldwegs zwischen Wiesbach und Mangelhausen stehen Infotafeln zur heimischen Flora und Fauna. Die Bäume tragen Namensschilder wie »Rot-Eiche« oder »Silber-Linde«, und man denkt: So was hat man schon gesehen. Und nicht nur einmal.

Dann aber erblickt man auf der anderen Seite ein Kunstwerk, das aussieht wie übergroße Mikadostangen, am Baum davor ein Mobile aus bunten Ästen mit lustigen kleinen Köpfen, neben der Rot-Eiche ein im Sonnenlicht schillerndes Kruzifix, dahinter ein verfremdetes Windrad mit farbenfrohen Fähnchen, an anderer Stelle flattern Vögel aus Ton auf einem abgestorbenen Baum, und es wird klar: Hier hat jemand seine Umgebung auf beeindruckende Weise künstlerisch gestaltet. Dieser Jemand heißt Peter Prinz. Anders als sein Nachname vermuten lässt, war er früher Steiger auf der Grube Göttelborn. 2012 beschloss er, den verwilderten Feldweg zum »Lebensraum Kreckelbach« umzugestalten. Mit zahllosen Kunstwerken, die hinter, vor und zwischen den Bäumen entlang des rund 1.200 Meter langen Wegs auftauchen, aber auch mit ökologischen Nischen für Insekten, Igel und Fledermäuse.

Selbstgebaute Sitzgelegenheiten ermöglichen einen herrlichen Blick in »die Kreckelbach«, wie die Einheimischen das malerische Gebiet nennen. Und auf halber Strecke sind drei farbige Folien aufgespannt, die in der Abendsonne bunte Rechtecke auf den Weg werfen – einfach nur schön! Prinz möchte seine Mitmenschen aber nicht nur für ihre Umwelt sensibilisieren, sondern auch für gesellschaftlich Relevantes, vor allem für das Thema Migration. Beispielhaft dafür steht das Flüchtlingsboot am Ende des Wegs, das zwischen zwei Bäumen aufgehängt ist. Darin: aus Ästen geformte Gestalten, die hilferufend ihre Arme in den Himmel recken.

Und so muss man am Ende des Wegs zugeben, dass man am Anfang danebengelegen hat: So etwas hat man noch nie gesehen.

Adresse Brunnenstraße, 66894 Wiesbach | ÖPNV Bus 321, Haltestelle Augustinusstraße oder Bus 335, Haltestelle Mangelhausen/Römerstraße | Anfahrt A1, Ausfahrt Eppelborn oder Illingen, in Wiesbach über die Eiweiler- zur Brunnenstraße, an deren Ende beginnt der Feldweg | Öffnungszeiten ganzjährig | Tipp Am Ende des Wegs in Mangelhausen bietet sich ein besonderer Blick über das Tal. Besonders ist auch, dass Mangelhausen zweigeteilt ist, ein Teil gehört zu Eppelborn, der andere zu Heusweiler.

18 Das Mineralienmuseum

Im Reich der Drusen und Mandeln

Wenn von Drusen, Mandeln und Aggregaten die Rede ist, dann ist man nicht in der Medizin gelandet, sondern im Reich der Achate. Schon im alten Ägypten wurden Schmuckstücke und Gefäße aus dem widerstandsfähigen Material gefertigt, später auch Mörser, Rosenkränze, Stockknöpfe und Messergriffe. Hildegard von Bingen empfahl den Achat als Heilstein nach Schlangen- oder Spinnenbissen, aber auch für Fall- oder Mondsüchtige.

Doch was genau ist ein Achat eigentlich? Die Antwort: eine Art Quarz, also ein Mineral. Er bildet sich in Hohlräumen von meist vulkanischen Gesteinen, die er entweder auskleidet oder ausfüllt. Im letzteren Fall spricht man von einer Mandel, im ersteren von einer Druse. Schön sein kann beides. Sogar atemberaubend schön. Denn natürliche Achate können in allen Farbtönen vorkommen. Typisch sind die streifenförmigen Ablagerungen.

Kein Wunder also, dass seit dem 17. Jahrhundert eine wahre Achat-Industrie entstand, die in der zweiten Hälfte des 18. Jahrhunderts weiter an Fahrt aufnahm. Auch deshalb gab und gibt es bis heute zahlreiche Sammler dieser kostbaren Steine. Einer der bedeutendsten in der Saar-Hunsrück-Region war – der Name ist Programm – Augustinus Stein. Er gründete 1948 ein Privatmuseum, das ab 1970 von seiner Nichte weitergeführt wurde. 1993 erwarb die Gemeinde Freisen die Sammlung, drei Jahre später wurde das Museum in der Alten Schule eingerichtet, das schon länger von Ehrenamtlern des Mineralienvereins Freisen getragen wird. Dort erwarten die Besucher rund 1.500 Exponate, größtenteils Fundstücke aus der Region. Vor allem Achate, aber auch Jaspise, darunter ein anderthalb Meter großer »Brummer« aus einem insgesamt zweieinhalb Tonnen schweren Fundstück, daneben versteinertes Holz, Amethyste, Rauchtopase und Aquamarine.

Das Highlight: die »Untergehende Sonne«, eine circa elf Zentimeter große Achatmandel vom Weiselberg bei Oberkirchen.

Adresse Schulstraße 35, 66629 Freisen | ÖPNV Bus 603/638, Haltestelle ZOB Freisen | Anfahrt A62, Ausfahrt Freisen | Öffnungszeiten erster Sonntag im Monat 13–18 Uhr, nach Vereinbarung: Tel. 06855/9755 oder Tel. 06855/1325, Mitte Nov.–Ende Feb. geschlossen | Tipp Am Achatweg liegt die imposante Basaltrose, sie bietet Einblick in die 300 Millionen Jahre alte Erdgeschichte am Hellerberg (Einstieg am Ende der Schulstraße).

19 Der Rechtsschutzsaal

Geburtsstätte der saarländischen Gewerkschaften

Die steil abfallende Hofstraße in Bildstock erinnert an San Francisco, der lang gestreckte Backsteinbau rechter Hand ist dagegen unspektakulär. Doch dieses Gebäude hat Geschichte geschrieben: Es ist das älteste Gewerkschaftshaus Deutschlands.

Nikolaus Warken, Hauer in der Grube Friedrichsthal, gründet im Juni 1889 den »Rechtsschutzverein für die bergmännische Bevölkerung des Oberbergamtsbezirks Bonn« (RSV). Der Grund: Der Kaiser hatte im Mai den streikenden Bergleuten im Ruhrgebiet angedroht, »alles über den Haufen schiessen zu lassen«, wenn er von sozialdemokratischer Infiltration erfahre. Am Tag darauf versammeln sich Tausende Bergleute in Bildstock. Als ihre Forderungen nach kürzeren Arbeitszeiten und mehr Lohn ignoriert werden, kommt es zum ersten Massenstreik an der Saar. Dieser wird mit aller Härte niedergeschlagen, obwohl der RSV sein Anliegen mit äußerster Devotheit vorbrachte: »Mit schuldiger Ehrerbietung wagen es die unterthänigst unterzeichneten Vorstandsmitglieder [...] Ew. Majestät erhabenen Throne zu nahen, um als treu ergebene Unterthanen an Ew. Majestät eine Bitte zu richten.« So klingen keine Revolutionäre.

Als die Behörden schließlich Versammlungen unter freiem Himmel verbieten, entschließt sich der RSV, ein Gewerkschaftshaus zu bauen, das im September 1892 eingeweiht wird. Im Dezember desselben Jahres kommt es erneut zum Streik, mit über vier Wochen der bis dato längste an der Saar, und das hat Folgen: Warken wird zu einer Haftstrafe verurteilt. Alle Bergleute, die weiter Mitglied im RSV bleiben wollen, werden entlassen. Die Mitgliederzahl sinkt rapide, ein Jahr später ist der Verein insolvent und muss sich letztlich im August 1896 auflösen.

Im ältesten Gewerkschaftshaus Deutschlands werden heute nur noch selten flammende Reden gehalten. Und wenn, dann bei Feiern und Seminaren, für die man die Räumlichkeiten mieten kann.

Adresse Hofstraße 49, 66299 Bildstock | **ÖPNV** DB, Haltestelle Bildstock, über Bahnhofstraße 7 Minuten zu Fuß | **Anfahrt** A8, Ausfahrt Friedrichsthal, Richtung Bildstock, dort der Neunkircher bis zur Bahnhofstraße folgen, zweimal links | **Öffnungszeiten** Die Außenterrasse wird für Events genutzt. Info: Tel. 06897/8568101 | **Tipp** Über Bahnhof- und Hoferkopfstraße erreicht man zu Fuß in 10 Minuten den Bergrücken Hoferkopf mit dem idyllischen Villinger Park.

20 Die Grubensiedlung

Exemplarisches Ensemble an der »Kaffeekisch«

Nach dem preußischen Minister Albert von Maybach wurde die Grube benannt, vor deren Toren ab den 1880er Jahren die Siedlung Auf der Maybach entstand. Der Startpunkt unseres Rundgangs: das ehemalige Werkstor an der Ecke Bergwerkstraße/St.-Barbara-Straße, mit dem »Zechenhaus« und der alten »Kaffeekisch«, laut Webseite der Stadt Friedrichsthal ehemals »ein wichtiger Treffpunkt mit umfangreichem Bierausschank für die Bergleute«. Über Bergwerksstraße und Quierschieder Straße gelangt man zu den preußischen Beamtenhäusern. Die zweistöckigen, freistehenden Doppelhäuser lagen der hierarchischen Struktur der Siedlung entsprechend, der Grube am nächsten. Auf der linken Seite der Straße schließen sich zwei weitere Doppelhäuser an (Nr. 26 und 28), die sich architektonisch von den vorhergehenden unterscheiden: die Beamtenhäuser der Mines Domaniales Françaises (1920–1924).

Aus dieser Zeit stammt auch die Kirche Sankt Ludwig in der Straße des 25. Oktober. Hinter den französischen Häusern ist nur noch die rechte Straßenseite bebaut, mit dicht aneinandergereihten, einstöckigen Doppelhäusern, in denen die Arbeiter wohnten. Zu jedem der Häuser (1901–1905) gehörte ein separates Wirtschaftsgebäude. Hier und da sind sie noch zu sehen (z.B. Ecke Quierschieder Straße/Straße des 25. Oktober). Zwischen den Beamten- und den Arbeiterhäusern liegt die alte Schule. Über die Straße des 25. Oktober hinweg gelangt man zur Stollenstraße, in der die beiden ehemaligen Direktorenvillen stehen.

»Die Maybach« ist aufgrund ihrer fast unveränderten Bausubstanz ein Musterbeispiel für eine saarländische Bergmannssiedlung der Jahrhundertwende. Auch interessant: die Siedlung »Am Klaraschacht«. Sie entstand während des Koreakriegs Anfang der 50er Jahre. Da es unter den Anwohnern viel Streit um die Wohnungen gab, wurde die Siedlung auch »Neu-Korea« und die Kinder in der Schule »Neu-Koreaner« genannt.

Adresse Sankt-Barbara-Straße, 66299 Maybach | ÖPNV Bus 175, Haltestelle Grube Maybach | Anfahrt A8, Ausfahrt Friedrichsthal-Bildstock, in Maybach links ab in die St.-Barbara-Straße | Öffnungszeiten ganzjährig | Tipp Auch sehenswert: der Ostschacht der Grube Maybach mit seinen Jugendstilelementen. Alle Anlagen bis auf das Kesselhaus (1900) stammen von 1907.

21 Das Museum des Saarländischen Aberglaubens

Wo der Hexenhammer hängt

Schon mit acht Jahren fing er an, Texte und Gegenstände aus dem bäuerlichen Alltag zu sammeln. Er hat seine Aufzeichnungen auf über 450.000 Karteikarten festgehalten und könnte die Lebensläufe von mehr als 10.000 Saarländern rekonstruieren. Gunter Altenkirch, gelernter Wirtschaftsingenieur, hat sich in seiner Freizeit der Volkskunde verschrieben. Seit Jahrzehnten veröffentlicht er Artikel und Bücher und hatte Lehraufträge an der Saarbrücker Uni und der Hochschule der Bildenden Künste Saar. Eines seiner Lieblingsthemen: der Volks- und Aberglaube. Aber glaube niemand, dass es dabei nur um die handelsüblichen schwarzen Katzen, Hufeisen und Kleeblätter geht.

Als Erweiterung zum »Museum für dörfliche Alltagskultur«, das sich passenderweise in einem alten Bauernhaus befindet, gründete Altenkirch 2013 das »Museum des Saarländischen Aberglaubens«. Zu den unzähligen Exponaten gehören eine Fuchszunge als Amulett gegen Blitzeinschlag, ein Drudenfuß als Schutzzeichen, ein Hammer zur Hexenabwehr, ein Glückspfennig als Geschenk einer lokalen Sparkasse – hier gibt es nichts, was es nicht gibt. Schaurig-schön: eingerahmte Kränze, die aus dem Haar Verstorbener geknüpft wurden. Haar galt im Volksglauben als Sitz der Lebenskraft, und solche Haarbilder hingen noch bis Mitte des 20. Jahrhunderts in saarländischen Stuben.

Auffällig ist eine Sammlung alter Schuhe, die in einer Vitrine von der Decke baumeln. Es sind sogenannte Bauopfer, die man weltweit finden kann. Eier, tote Frösche, Münzen oder eben Schuhe wurden beim Bauen eingemauert, um die Hausgeister zu besänftigen. Bis ins 17. Jahrhundert auch erwachsene Menschen oder sogar Kinder – davon hat man heute zum Glück Abstand genommen.

Darauf sei dreimal auf Holz geklopft!

Adresse Erfweiler Straße 3, 66453 Rubenheim | ÖPNV Bus 501/504, Haltestelle Ortsmitte | Anfahrt A6, Ausfahrt Saarbrücken-Fechingen, am Ende der Flughafenstraße rechts, kurz vor Ommersheim wieder rechts, über Hüttenweg und Rubenheimer Straße | Öffnungszeiten am dritten Sonntag im Monat 14–18 Uhr, nach Absprache: Tel. 06843/91081 oder auf www.museum-alltagskultur.de | Tipp Ein Spaziergang am Rohrentalweiher (Wittersheimer Straße), danach ein Imbiss in der Kleintiroler Hütte.

22 Das »Walsheimer Sudhaus«

Ein großes Bier entsteht jetzt im Kleinen

Im kleinen Ort Walsheim im Bliesgau stand in den 1930er Jahren die größte saarländische Brauerei, mit einem jährlichen Bierausstoß von 300.000 Hektolitern. »Walsheim Bier« war ein Exportschlager, doch weil der damalige Besitzer jüdischer Herkunft war, trieben die Nazis das Unternehmen systematisch in den Konkurs. 1939 wurden die Gebäude von französischen Truppen beschossen und der Wiederaufbau verhindert, 1942 entzog man der Brauerei die Konzession. Die Anlagen wurden verkauft, der Rest zerstört oder geplündert. Karlsberg übernahm die Marke »Walsheim«, doch sie wurde später durch »Karlsbräu« ersetzt. In den 1980er Jahren verschwand nach dem Namen auch die Brauerei. Die Gebäudereste wurden abgerissen, darunter der Brauereiturm im Bauhaus-Stil.

Lange erinnerte an den ehemals größten Arbeitgeber des Ortes nur noch der alte Gewölbekeller, doch im Jahr 2011 lebt die Walsheim-Tradition wieder auf. Dank Stefan Raffel. Im Untergeschoss seines Eigenheims, ganz in der Nähe der alten Begrenzungsmauer der Brauerei, stellt der gelernte Brauer und Mälzer vier verschiedene Biersorten her: ein klassisches Pils, ein Weißbier, ein Festbier und den »WalsheimAtor«, ein dunkles Starkbier mit 6,2 Prozent Alkohol. Letzteres soll bei Feiern im alten Gewölbekeller schon so manchen Gast von der Bierbank gehauen haben. Raffel startete sein Projekt mit einer selbstgebauten Brauanlage im Keller, die 60 Liter fasst. Weil sein Bier immer beliebter wurde, musste Raffel schon bald anbauen – für die neue Brauanlage, die 150 Liter fasst, und die Kühlzelle mit dem 200-Liter-Tank. Geliefert wird das Bier in 30-Liter-Fässern oder bauchigen 2-Liter-Flaschen. Man kann es aber auch vor Ort abholen, und dabei, mit ein wenig Glück, auch einen Blick auf die Mikrobrauerei im Keller werfen. Hier bewahrheitet sich der Saar-Slogan auf sehr sympathische Weise: »Großes entsteht immer im Kleinen.«

Adresse Zum Sudhaus 2, 66453 Walsheim | ÖPNV Bus 578, Haltestelle Im Pfarrgarten, 5 Minuten Fußweg | Anfahrt A6, Ausfahrt Brebach-Fechingen, über Gersheim | Öffnungszeiten auf Anfrage: Tel. 06843/901744 oder prost@walsheim-bier.de | Tipp In der Badesaison lohnt ein Besuch im schönen Walsheimer Freibad. Bis heute wird es vom Brauquellwasser gespeist.

23 Die Mustersiedlung

Synergie von NS-Ideologie und Montanindustrie

Der Warndtwald hat offenbar seit jeher die großen Deutschen angelockt. Karl der Große, Ludwig der Fromme und Kaiser Barbarossa – sie alle sollen hier gejagt haben. Ob die NS-Ideologen dies im Hinterkopf hatten, als sie das »Dorf im Warndt« planten, sei dahin gestellt, Fakt ist, dass das Reichsheimstättenamt ab dem Jahr 1936 eine »Kleinsiedlung mit Nebenerwerbsstellen«, also mit Gärten und Flächen für die Tierhaltung, bauen lässt. 1938 ist der erste Bauabschnitt fertig, dazu gehören u.a. die Siedlerstraße und alle Straßen mit Blumennamen.

Was zunächst als Stadtrandsiedlung für das von Wohnungsnot geplagte Saarbrücken verkauft wird, entpuppt sich bald als ein Joint Venture der Nazis und der saarländischen Stahl- und Kohlebosse. Vor allem Hermann Röchling profitiert von der Siedlung. Denn überraschenderweise beziehen keine wohnungssuchenden Saarbrücker die Häuser, sondern Arbeiterfamilien aus den Warndtgruben und Röchlings Stahlhütte in Völklingen. Durch den Hausbesitz sollten die Arbeiter an ihre Betriebe gebunden werden, ganz im Sinne der NS-Wohnungspolitik. Jeder Bewerber musste arischer Abstammung, nicht älter als 45 und verheiratet sei und zudem mindestens zwei Kinder haben. Auf diese Weise wollte die Partei Geld sparen und nebenbei durch den Siedlungsbau die Arbeiterschaft für sich gewinnen, die im Warndt eher den Kommunisten als der NSDAP zugetan waren. Das Herz der Arbeiter im Warndt haben die Nazis aber nie erobert. Es gehörte und gehört noch immer »ihrem« Dorf, was unter anderem durch die große gegenseitige Verbundenheit der Bewohner zum Ausdruck kommt.

Aus architektonischer Sicht gilt das »Dorf im Warndt« noch heute als Musterbeispiel einer ländlichen Siedlung. Große Teile des Ortes stammen übrigens nicht aus der Nazi-Zeit. In den 1960er Jahren entstand eine Werkssiedlung der Saarbergwerke mit 268 Wohnungen, später zwei Neubaugebiete mit insgesamt 84 Häusern.

Adresse Siedlerstraße, 66352 Dorf im Warndt | ÖPNV Bus 167, Haltestelle Nelkenstraße | Anfahrt A620, Ausfahrt Völklingen-Ludweiler, Richtung Großrosseln, dann links ab nach Dorf im Warndt | Öffnungszeiten ganzjährig | Tipp Das Jagdschloss Karlsbrunn im gleichnamigen Nachbarort wurde 1783 von Fürst Ludwig als Lustschloss und Jagdresidenz erbaut.

24_Das Weihnachtspostamt

Im ältesten Ort des Warndt werden Wünsche wahr

Bei Wikipedia kann man folgendes lesen: »Weihnachtspostämter sind Einrichtungen, an die vor allem Kinder während der Adventszeit weihnachtliche Briefe richten können, die normalerweise auch beantwortet werden. So entsteht bei den Kindern der Eindruck, sie könnten tatsächlich mit dem Weihnachtsmann, dem Nikolaus, dem Christkind oder einer ähnlichen mythischen Symbolfigur [...] kommunizieren.«

Das ist selbstredend Unsinn! Natürlich können Kinder mit dem Nikolaus kommunizieren! Wer es nicht glaubt, kann sich jedes Jahr zur Adventszeit in dem heimeligen Örtchen St. Nikolaus davon überzeugen. Im Weihnachtspostamt. Dort beantwortet der Nikolaus persönlich alle Briefe, die ihm Kinder und Erwachsene (!) geschickt haben. Die rund 10.000 Briefe, die er jedes Jahr erhält, kommen aus aller Welt, sogar aus Kanada und Australien, und weil der Nikolaus ein sehr gebildeter Mann ist, beantwortet er sie (fast) alle in der jeweiligen Muttersprache.

Besucher des Weihnachtspostamts können ihre Briefe auch vor Ort abgeben und in der Weihnachtsstube bei Kaffee und Kuchen dem Nikolaus beim Stempeln zuschauen. Das ist vor allem für Briefmarkensammler interessant. Die Briefe kriegen nämlich einen Sonderstempel mit eigener Postleitzahl.

Böse Zungen behaupten, das Weihnachtspostamt sei durch die Idee eines cleveren Pharma-Vertreters entstanden. Dieser soll im Jahr 1966 Weihnachtspost an die Kinder seiner Kunden geschickt haben – mit einem Stempel aus St. Nikolaus. Daraufhin haben im folgenden Jahr angeblich Tausende von Kindern Briefe nach St. Nikolaus geschickt. Auch das ist Unsinn! Der Nikolaus hat die Briefe selbst verschickt. Briefe vom Nikolaus kommen aus St. Nikolaus! Adresse: »An den Nikolaus, Nikolausplatz, 66351 St. Nikolaus«.

Was mit den anderen Weihnachtspostämtern ist? In Engelskirchen, Himmelsthür und Nikolausdorf? Die sind selbstverständlich frei erfunden.

Adresse Schulstraße 35, 66352 St. Nikolaus | **ÖPNV** Bus 167, Haltestelle Schulstraße | **Anfahrt** A620, Ausfahrt Ludweiler, über Landstraße oder Frankreich (A6) nach Großrosseln, Postamt St. Nikolaus in der Alten Schule | **Öffnungszeiten** 5.–24. Dez., Mo–Fr 16.30–18.30, Sa 10–11.30, 6. Dez. 12–18, 24. Dez. 10–12 Uhr | **Tipp** Der Warndt-Weiher bei Ludweiler (Karlsbrunnenweg) ist ein beliebtes Naherholungsgebiet.

25 Die Fenster von »Sankt Maria Königin«

Saarländische Architektur und englische Glasmalerei

Die katholische Kirche »Sankt Maria Königin« im Heusweiler Ortsteil Obersalbach-Kurhof ist in mehrfacher Hinsicht ungewöhnlich: Sie ist vergleichsweise jung (Bauende 2000), sie erinnert in ihrer architektonischen Strenge eher an eine Moschee als an eine christliche Kirche, und sie ist tagsüber meist offen!

Das Innere der Kirche, die nach Entwürfen der Saarbrücker Architekten Peter Alt und Thomas Britz errichtet wurde, bietet ein ebenso unkonventionelles Bild wie die Außenfassade. Die beiden sich kreuzenden Tonnengewölbe mit integrierter Lichtkuppel strecken sich über einen quadratischen Raum, der durch einen hölzernen, überdachten Kreuzgang gebildet wird. Um den aus Holz und Granit gestalteten Altar gruppieren sich die Kirchenbänke in Hufeisenform. Dass es sich wirklich um eine katholische Kirche handelt, belegt ein Detail des Altars. Er beinhaltet einen Schrein mit den Reliquien von zwei Seliggesprochenen: Peter Friedhofen, dem Gründer der »Barmherzigen Brüder von Maria-Hilf«, und Blandine Merten, einer wundertätigen Nonne aus Düppenweiler. Das Highlight der Kirche sind die eindrucksvollen Fenster des englischen Künstlers Brian Clarke. Vier bunt leuchtende Halbkreise tauchen den Innenraum je nach Sonnenintensität in ein feuriges oder mild schimmerndes Licht – eine thematische Anlehnung an die vier Himmelsrichtungen und die vier Jahreszeiten.

Obwohl am tiefsten Punkt von Kurhof gelegen, bildet »Sankt Maria Königin« den nicht zu übersehenden Mittelpunkt des Dorfes und einen markanten Kontrast zu den umliegenden Bauernhäusern. Auf die Frage, wie ein sichtlich bäuerlich geprägtes Dorf wie Kurhof zu solch einer Kirche kommt, gibt es eine einfache Antwort: Die »alte« Kirche (1958 erbaut) war aufgrund von Grubenschäden baufällig geworden. Die Entschädigungszahlung des Grubenbetreibers bildete die finanzielle Basis für den Neubau.

Adresse Zum Weiherwald 5, 66265 Obersalbach | ÖPNV Bus 149, Haltestelle Obersalbach, Kirche Maria Königin, kurzer Fußweg | Anfahrt A8, Ausfahrt Heusweiler, in Heusweiler Abzweig nach Obersalbach, dort den Schildern zur Kirche folgen | Öffnungszeiten auf Anfrage im Pfarramt: Tel. 06838/2910 | Tipp Der Naturpark Kallenborn liegt etwa einen Kilometer entfernt. Parkplätze am Zugang (Auf der Kupp).

26 Die Festung Hohenburg

Monumentaler Namensgeber auf dem Schlossberg

Den Namen Vauban verbindet man im Saarland üblicherweise mit der Stadt Saarlouis. Doch auch im diametral entgegengesetzten Teil des Landes hat er seine Spuren hinterlassen, genauer: auf dem Homburger Schlossberg. Schon lange vorher stand hier, auf über 300 Meter Höhe, die Hohenburg, der Sitz der Grafen von Homburg und Namensgeber der Stadt. Nachdem der letzte Graf das Zeitliche gesegnet hatte, fiel die Burg an seine Kollegen aus Nassau-Saarbrücken, die sie zu einem Renaissanceschloss mitsamt Festung umbauten.

Danach kam Vauban ins Spiel, der wohl bekannteste Festungsbaumeister seiner Zeit. Ab 1679 ließ er die gesamte Stadt Homburg befestigen und in diesem Zug die Burg erweitern. Ende des 17. und Anfang des 18. Jahrhunderts wurden die Anlagen von den Franzosen geschleift. Danach machten sich die Homburger Häuslebauer über den Gratis-Baustoff her. Im letzten Drittel des 18. Jahrhunderts wurden die letzten brauchbaren Materialen zum Bau von Schloss Karlsberg in den heutigen Stadtteil Sanddorf abtransportiert. Erst in den 1980er Jahren wurden die Reste der Anlage freigelegt und zumindest in Teilen restauriert. Sie geben Auskunft darüber, dass es sich bei der Festung um eine durchaus respektable gehandelt haben muss.

Man kann sie selbst erkunden oder auf einem audiogeführten 45-minütigen Rundgang. Lauschtour-App herunterladen, Audiotour starten, fertig ist die Laube – beziehungsweise die Festung. Startpunkt: das Gipfelkreuz auf dem Schlossberg, unter dem sich bekanntermaßen die größten Buntsandsteinhöhlen Europas befinden. Bei der lohnenswerten Tour erfährt man neben vielem Wissenswerten zur Festung, dass der Blick vom »Großen Teller« atemberaubend ist und auch, was der Schlossberg mit dem »Ichthyosaurus Fantasticus Homburgensis« zu tun hat. Für den Rundgang ist festes Schuhwerk zu empfehlen. Das gilt auch für die »Schlossbergtour«, ein Premiumwanderweg, der an der Festung beginnt.

Adresse Schlossberg-Höhen-Straße 1, 66424 Homburg | ÖPNV Bus 501/512/515, Haltestelle Rondell, 15 Minuten Fußweg | Anfahrt A8, Ausfahrt Limbach, in Homburg zur Karlsberg-Brauerei, dort links hoch zum Schlossberg | Öffnungszeiten ganzjährig, Führungen unter Tel. 06841/101820 | Tipp Auf dem Schlossberg – entgegengesetzt zur Festung – stößt man im Wald auf die »Fünf Inseln«, das einzige Hochmoor Homburgs.

27 Das Gebäude 34 der Uniklinik

Krankenhaus-Keimzelle im Jugendstil

Erst Mitte des 19. Jahrhunderts wurden seelische Erkrankungen nicht bloß als Folge ungezügelter Triebe, sondern als Erkrankungen des Gehirns erkannt. 1861 veröffentlichte der Arzt Wilhelm Griesinger die zweite Auflage seines Hauptwerkes »Die Pathologie und Therapie der psychischen Krankheiten für Ärzte und Studirende« und legte damit die Grundlagen der modernen Psychiatrie.

Am 1. Juni 1909 wird in Homburg die »Pfälzische Heil- und Pflegeanstalt« eröffnet. Das »Homburger Tagblatt« bemerkt, dass hier »ein Ehrendenkmal der Architektur und Technik geschaffen wurde, ein Markstein neuzeitlicher Entwicklung auf dem Gebiet der Wohlfahrtspflege und ein Asyl der Liebe und Bereitwilligkeit«. Genau so kunstvoll, wie man in jenen Zeiten über solch ein Ereignis berichtete, gestaltete man auch die Anstaltsgebäude. Der bayerische Bauamtmann Heinrich Ullmann, der für den Entwurf der Gebäude zuständig war, hatte sich dem Jugendstil verschrieben und gestaltete einige der insgesamt 24 Anstaltsbauten dementsprechend. Ein geschlossenes Ensemble, integriert in eine gestaltete Gartenlandschaft – das war völlig neu, und die Keimzelle der heutigen Uniklinik.

1949 wird die Medizinische Fakultät in Homburg gegründet. Dies hat Folgen. Einzelne Häuser der alten Heilanstalt werden abgerissen, andere umgebaut, neue Gebäude entstehen. Die verbliebenen Jugendstilgebäude? Relikte aus vergangenen Zeiten, kleine Farbtupfer im großen Grau moderner Krankenhausarchitektur. Der bedeutendste Jugendstilbau ist die medizinische Bibliothek (Gebäude 34). Sie gehört zu den wichtigsten noch erhaltenen Gebäuden aus der Zeit der Jahrhundertwende. Es ist bemerkenswert, dass man einen solchen ästhetischen Aufwand für eine Anstalt betrieb, die im damaligen Sprachgebrauch der Pflege von »Blöden« und »Irren« diente. Das sprachliche Niveau ist seitdem gestiegen, das architektonische leider nicht.

Adresse Kirrberger Straße 100, 66424 Homburg | **ÖPNV** Bus 511/512, Haltestelle Uniklinik Haupteingang | **Anfahrt** A6, Ausfahrt Homburg, Uniklinik ist ausgeschildert | **Öffnungszeiten** Mo, Mi, Fr 8–21.30 Uhr (Tel. 06841/1626008) | **Tipp** Die alte Klinikkirche (Gebäude 51), ebenfalls Jugendstil, ist eine von zwei Simultankirchen im Saarland.

28 Die Statio Domini Mundi

Anbetung auf der Anhöhe

Wustweiler ist weiß Gott keine touristische Hochburg. Umso erstaunter ist man, wenn man dem braunen Schild mit der rätselhaften Aufschrift »Statio Domini Mundi« die Waldstraße hinauf folgt. An ihrem Ende gelangt man zu einer großzügigen Villa. Irgendjemand aus »Wuschtweller« muss zu Geld gekommen sein. Dieser Jemand heißt Edmund Meiser. Er hat vor über 50 Jahren eine Stahl- und Eisenhandelsgesellschaft in Schmelz-Limbach gegründet, und dort mit nur einem Mitarbeiter Walzdraht zu Betonstahl weiterverarbeitet. Später weitete er die Produktpalette unter anderem auf das Verzinken von Gitterrosten aus. Mittlerweile ist die Meiser GmbH zur Meiser Holding umgewandelt worden, und darf sich als einer der weltweit führenden Hersteller von Gitterrosten bezeichnen, mit circa 2.300 Mitarbeitern.

Bei einem solchen Erfolg kann man schon mal an göttliche Schützenhilfe glauben, und so kam Meiser die Idee, auf der Anhöhe hinter seiner Villa eine private Anbetungsstätte zu errichten: die »Statio Domini Mundi« (2002). In der seit der Spätantike in Rom gefeierten katholischen Liturgie haben sich die Gläubigen erst in einer Versammlungskirche getroffen. Von dort fand eine Prozession zur Stationskirche, der Statio, statt. Sie wurde zum stillen Gebet genutzt.

Die Statio »Domini Mundi« ist ein Entwurf des Münchener Architekten von Branca, von dem auch die Neue Pinakothek stammt. Sie besticht durch klare Strukturen, auch im Innenraum. Dieser ist lediglich mit einem modernen Altar, einer Stele mit dem vergoldeten Tabernakel und einem Kreuz mit silbernen Standleuchtern ausgestattet. Und mit einer im Saarland einmaligen Sammlung religiöser Tafelmalerei aus verschiedenen mittelalterlichen Epochen, etwa von Lukas Cranach dem Älteren. Angesichts dieser beeindruckenden Bilder streift einen der Gedanke, ob man nicht auch – ganz klein – mit dem Verzinken von Gitterrosten beginnen sollte.

Adresse Waldstraße 31, 66557 Illingen | ÖPNV DB, Haltestelle Wustweiler, circa 1 Kilometer zu Fuß | Anfahrt A1, Ausfahrt Illingen, Richtung Illingen, in Wustweiler in die Waldstraße | Öffnungszeiten Mi 15–17 Uhr oder nach Vereinbarung (Tel. 06825/3101) | Tipp In und um Wustweiler stehen viele Wegkreuze. Das alte Kreuz (1776) in der Humeser Straße wurde zum Dank für die Rettung vor der Schweinepest errichtet.

29_Der Asiatische Garten

Harmonie neben der Hochtrasse

Im Jahr 2007 wurde im Zentrum der Stadt Lebach, zwischen dem Flüsschen Theel und der Hochtrasse der Umgehungsstraße, der »Asiatische Garten« fertiggestellt. Er entstand nach dem Vorbild traditioneller chinesischer Gartenanlagen und ist der einzige seiner Art im gesamten Saarland. Das 2.400 Quadratmeter große Gelände wurde im Rahmen einer Beschäftigungs- und Qualifizierungsmaßnahme von Asylbewerbern angelegt.

Ziel der gelungenen Anlage war es, »die Harmonie von Erde, Himmel, Steinen, Wasser, Gebäuden, Wegen und Pflanzen, also den sogenannten sieben Dingen, zu erreichen«. Zentraler Ruhepunkt des Gartens ist die Pagode. Ihre acht Seiten stehen für die acht Elemente sowie die acht Himmels- und Zwischenrichtungen. Ein Symbol dafür, dass hier Gäste aus allen Himmelsrichtungen zusammenkommen sollen. Neben der Pagode führt eine Brücke über ein künstliches Gewässer. Ihre Zickzackform entstand aus dem Glauben, dass böse Geister sich nur geradeaus bewegen können. Die halbkreisförmige Rundbogenbrücke rechts neben der Pagode spiegelt sich im Wasser zum vollen Kreis, dem chinesischen Himmelssymbol. Das Wasser zeigt sich in seiner ruhigen Form als Teich und in seiner bewegten Form als Wasserfall. Die großen Steine am Rand des Gartens stehen für Weisheit und Unsterblichkeit.

Der Asiatische Garten in Lebach ist ein ungewöhnliches Projekt an einem ungewöhnlichen Ort. Die Besucher müssen allerdings angesichts der betongrauen Hochtrasse gegenüber einen starken Willen mitbringen, um zur Harmonie der sieben Dinge zu finden. Auch die Fußgängerzone, auf der anderen Seite der Hochtrasse, bildet einen starken Kontrast. Sie ist ein Musterbeispiel für moderne Stadtplanung in den 1970ern und in dieser Form im Saarland genauso einzigartig wie der Asiatische Garten. Die Reise dorthin lohnt sich in jedem Fall. Denn wie sagte schon der weise Konfuzius: »Der Weg ist das Ziel.«

Adresse Am Markt, 66822 Lebach | **ÖPNV** DB, Haltestelle Bhf. Lebach, über die Fußgängerbrücke (Poststraße) | **Anfahrt** A8, Ausfahrt Heusweiler oder A1, Ausfahrt Tholey, in Lebach den Schildern folgen, Parkplätze Am Markt | **Öffnungszeiten** ganzjährig | **Tipp** In der Fußgängerzone lohnt ein Besuch des Hallenbads und der Buchhandlung Treib mit dem Bistro Zeitvertreib (Am Markt 20, Mo–Fr 8.30–18.30, Sa 8.30–13 Uhr).

30 Der geografische Mittelpunkt

Ab durch die Mitte im »Faalschder Wald«

Die Stadt Lebach fühlt sich seit jeher als das »Herz des Saarlandes«. Dass dieses Selbstbild das Produkt einer latenten Selbstüberschätzung ist, die den Lebachern gern zugeschrieben wird, hat das Landesamt für Kataster-, Vermessungs- und Kartenwesen offiziell widerlegt. Es hat nämlich den geografischen Mittelpunkt des Saarlandes berechnet, und der liegt bei exakt 49°22,6290' nördlicher Breite und 6°52,7027' östlicher Länge. Mit anderen Worten: mitten im Falscheider Wald, auf Lebacher Stadtgebiet. Was bedeutet: Lebach *ist* das Herz des Saarlandes. Für alle, die sich dieser Tatsache auf ewig verschließen wollten, wurde deshalb an der entsprechenden Stelle in einem Waldstück in der Nähe des Nordschachts (der mit 1.751 Metern ehemals tiefste Kohleschacht Europas) ein großer Findling aufgestellt und mit einer Gedenktafel versehen.

Hobby-Mittelpunktsforscher verwechseln den geografischen schon mal mit dem geometrischen Mittelpunkt. Auch diesen hat das Landesamt errechnet. Durch die Mittelung von über 9.400 Außenpunkten wurde der Schwerpunkt des Saarlandes lokalisiert. Er liegt bei 49°23,0582' nördlicher Breite und 6°57,2200' östlicher Länge, am Rande von Habach, einem Ortsteil der Gemeinde Eppelborn.

An dieser Stelle eine Warnung: Auf der Suche nach dem ominösen Punkt in Habach sollte man keinesfalls Einheimische nach dem Weg fragen. Schon gar nicht, wenn sie einem stark alkoholisiert aus einer der örtlichen Kneipen entgegenfallen. Die Antwort könnte sonst wie folgt lauten: »Watt? Zum geometrischen Mittelpunkt??? Jooooo, der ess irjendwo hinnerm Haus vom *Dingens*. Äwwer isch woor noch nie doo, und isch geehn aach net hin.«

Eine schlechte Nachricht für den ambitionierten Hobbygeografen, eine gute für den Habacher an sich. Der hat seine innere Mitte offenbar gefunden – auch ohne geometrischen Mittelpunkt.

Adresse Hoxbergstraße, 66822 Lebach | Anfahrt kurz hinter dem Ortsausgang Hoxberg Abzweig zum Nordschacht, nach 1,5 Kilometer Parkplatz in einer Kurve, 200 Meter zu Fuß Richtung Nordschacht, dann links in den Wald, circa 15 Minuten auf barrierefreiem Wanderweg | Öffnungszeiten ganzjährig | Tipp Am Nordschacht vorbei gelangt man in circa 20 Minuten, über die Mühlenbach-Schluchten-Tour Richtung Saarwellingen, zum idyllischen Aussichtspunkt »Kleine Saarschleife«.

31 Das Eisenbahnmuseum

Zug um Zug museale Raritäten

Hier heißen die Stationen nicht Stuttgart, Ulm, Biberach, Meckebeuren und Durlesbach, sondern Merzig, Brotdorf, Ballern, Großer Wald und Dellborner Mühle. Das reimt sich zwar nicht, und über sie gibt es auch kein Volkslied wie bei ihrer schwäbischen Kollegin, trotzdem ist sie *das* Prunkstück eines besonderen Ortes in Losheim: die Museumsbahn.

Sie wird seit 1982 vom Museums-Eisenbahn-Club Losheim betrieben, auf den Anlagen der ehemaligen Merzig-Büschfelder-Eisenbahn, kurz MBE (1902–1987). Insgesamt 15 Kilometer lang ist die Strecke. Für Hin- und Rückfahrt braucht die Dampflok »Losheim« (Baujahr 1948) mit den historischen Personenwagen etwa zwei Stunden, die sich aber absolut lohnen, denn als Fahrgast genießt man nicht nur das Retro-Ambiente der Waggons, sondern auch die schönen Landschaften, die man auf der Fahrt durchquert. Ein Blick in den Lokschuppen und die Werkstatt der Eisenbahnfreunde lohnt ebenfalls – hier wird der Fuhrpark aufgepäppelt und gewartet.

Das Eisenbahnmuseum selbst wird von der Gemeinde Losheim unterhalten, befindet sich aber ebenfalls auf dem früheren Gelände der MBE. Es zeigt Exponate aus dem Bestand der MBE und der saarländischen Eisenbahngeschichte im Allgemeinen. Auf dem Gelände stehen vier Dampf- und mehrere Dieselloks sowie zahlreiche Personen- und Gepäckwagen. Auch die historische Schmiede kann besichtigt werden. Damals wie heute wurde auch Post mit der Bahn transportiert, auch wenn es mittlerweile nur noch Pakete sind. Darüber gibt das Bahnpost-Museum Auskunft. Zwei historische Wagen sind noch vorhanden und komplett wie im damaligen Dienstbetrieb eingerichtet – in dieser Form einzigartige Exponate.

Egal ob als Bahnreisender oder »nur« als Museumsbesucher: Der Bahnhof Losheim ist eine Reise wert. Den zeitgeistigen Namen »Erlebnis-Bahnhof« hat er eigentlich nicht nötig, die Züge und Ausstellungsstücke sprechen für sich.

Adresse Bahnhofstraße 10, 66679 Losheim am See | ÖPNV Bus R1, Haltestelle Bahnhof | Anfahrt A8, Ausfahrt Merzig, über Brotdorf oder A8, Ausfahrt Heusweiler, über Lebach und Schmelz | Öffnungszeiten Fahrtermine: Tel. 06872/8158 oder auf museumsbahn-losheim.de; Museum; Tel. 06872/609260 | Tipp Der Park der Vierjahreszeiten und der NABU-Naturgarten am Losheimer See (Parkplatz an der Straße Zum Stausee).

32 Der Sulgerhof

Gesamtkunstwerk im Bliesgau

Im und am Sulgerhof wird Kunst großgeschrieben, oder besser gesagt: gross. Denn hier lebt Familie Gross. Gaetano Gross ist Vorsitzender der Künstlergruppe »Untere Saar«, sein Vater Wolfgang Gross-Mario war ebenfalls ein bekannter Künstler, aber der vielleicht größte Schatz, den man in dem versteckten Innenhof in Ormesheim findet, ist das Gebäude selbst.

Im Jahr 1553 überließ der Erzbischof von Trier dem Amtmann Hans Sulger eine ausgebrannte Mühle. Sulger, dessen Abbild noch die Hausfassade ziert, sollte sie neu aufbauen, was er dann auch tat, weshalb sie fortan Neumühle genannt wurde. Zehn Jahre später errichtete der fleißige Amtmann neben der Mühle ein Hofgut, das fortan den Namen Sulgerhof trug. Der Hof ist erhalten, die Mühle nicht. Ein verbliebenes Relikt ist der alte Mühlstein am Hintereingang.

Am Sulgerhof sind glücklicherweise einige Elemente aus der Renaissance erhalten geblieben. Außen vor allem der Torbogen mit dem Familienwappen und das Fenster mit der Inschrift »1567«. Wenn man das Glück hat, dass die Hausherren einem Einlass gewähren, kann man auch das Renaissance-Innenleben bewundern: eine Holztreppe, steinerne Tür- und Fensterrahmen, Deckenbalken und vor allem die über 400 Jahre alte, aber noch voll funktionsfähige Küche. Sie dürfte die älteste des Saarlands sein und wird noch heute ab und an für Feiern genutzt. Zwar sind die Kochutensilien nicht original, aber der Raum selbst mit dem offenen Kamin ist in seiner Bausubstanz seit dem 16. Jahrhundert unverändert.

Daneben gibt es in den 14 Zimmern des Hauses auch viele altertümliche Möbel zu sehen (ebenfalls teilweise über 400 Jahre alt), alte etruskische Vasen und viele moderne Gemälde von Gross-Vater und -Sohn. Die Familie hat den Hof in den 1960er Jahren in keinem guten Zustand übernommen und seitdem viel Geld und noch mehr Arbeit hineingesteckt – beides hat sich gelohnt.

Adresse Neumühle 8, 66399 Mandelbachtal | ÖPNV Bus 120, Haltestelle Neumühle | Anfahrt A6, Ausfahrt Mandelbachtal/Flughafen, bis zum Ende der Flughafenstraße, dann rechts, in Ormesheim rechts auf Neumühle | Öffnungszeiten außen ganzjährig, innen nur nach Absprache (gaetanogross@googlemail.com) | Tipp Auf Gut Hartungshof im Nachbarort Bliesransbach: Bliesgau-Ölmühle und Gourmet-Manufaktur MaLi's Delices.

33_Die Gnadenkapelle

Multiple Marienerscheinungen im Härtelwald

In Marpingen haben Marienerscheinungen eine lange Tradition. Zum ersten Mal wird die Gottesmutter am 3. Juli 1876 von drei achtjährigen Mädchen gesichtet, die im Härtelwald Beeren sammeln. Die nach eigenen Worten »unbefleckt Empfangene« gibt den Kindern ihre Kernbotschaft mit auf den Nachhauseweg: »Ihr sollt beten und nicht sündigen!« Dieser Satz ziert auch den Altar der »Gnadenkapelle«, die in den 1930er Jahren in unmittelbarer Nähe des ersten Erscheinungsortes errichtet wurde.

Doch zurück ins Jahr 1876. Die Kunde von den übernatürlichen Ereignissen verbreitet sich wie ein Lauffeuer. Nur zehn Tage nach den Marpinger Ereignissen strömen geschätzte 20.000 Menschen zum Ort des Geschehens. Der gigantische Pilgerstrom wird von den preußisch-protestantischen Machthabern durch den Einsatz von Militär zurückgedrängt. Aber weltliche Dinge wie Militäreinsätze können eine echte Gottesmutter nicht stoppen. Maria erscheint weiter, bis zum 3. September.

Wir übergehen den Bauern, der 1983 eine göttliche Begegnung in der Gnadenkapelle hat, und springen direkt ins Jahr 1999. Maria ist in Topform. Vom 17. Mai bis 17. Oktober erscheint sie drei ortsansässigen Frauen gleich 13 Mal! Ihre erste Botschaft lautet: »Ich komme als Mutter für Deutschland.« Die Mutter der Nation? Handelt es sich bei der heiligen Maria in Wirklichkeit um Helga Beimer?

Und was macht die katholische Kirche? Sie prüft. Sechs lange Jahre. Dann, am 13. Dezember 2005, verkündet Bischof Marx das mit Spannung erwartete Ergebnis: »Non constat de supernaturalite« (»Es steht nicht fest, dass den Ereignissen ein übernatürlicher Charakter zukommt«). Ein Schlag für alle bekennenden Marienfans … Doch halt! Marienerscheinungen sind kein offizieller Bestandteil des katholischen Glaubens. Jedem Katholiken bleibt freigestellt, an die Echtheit einer Marienerscheinung zu glauben oder nicht. Gott sei Dank!

Adresse Kapellenweg oder Kettelerstraße, 66646 Marpingen | ÖPNV Bus R12, Haltestelle Markt, 10 Minuten Fußweg | Anfahrt A1, Ausfahrt Tholey oder Illingen, in Marpingen der Beschilderung folgen | Öffnungszeiten Gnadenkapelle (barrierefrei) April–Okt. 7–22 Uhr, Nov.–März 8–20 Uhr; Besucherzentrum: März–Okt. an Sonn- und Feiertagen 14–18 Uhr, Anmeldung: Tel. 06853/9116121 | Tipp Das Kulturzentrum Alte Mühle (Schafbrücke 7) beherbergt ein Museum und ein Café. 10 Minuten zu Fuß.

34 Das Psychiatriemuseum

Ort des Erinnerns im Klinik-Dachstuhl

Der Name Merzig ist im Saarland *das* Synonym für Psychiatrie. 1876 wurde hier, dem damaligen Sprachgebrauch gemäß, die »Rheinische Provinzial-Irrenheilanstalt« gegründet. Seinerzeit mit unfassbaren 1.500 Betten, heute sind es nur noch 60. Von diesen und anderen Transformationen erfährt man an einem sehr ungewöhnlichen Ort: dem Psychiatriemuseum im Dachstuhl des Merziger Klinikums.

Unmittelbar hinter der Eingangstür stößt man auf die Dokumentation »Psychiatrie in Raum und Zeit«, mit Bildern aus verschiedenen Ländern und Epochen. Neben einem Foto aus dem Film »Einer flog übers Kuckucksnest« kann man einen psychisch Kranken aus Afrika sehen, der in Ketten gelegt wurde. Oder eine heillos überfüllte »Aufbewahrungsanstalt« in Griechenland.

Im Raum daneben befinden sich acht Quadrate mit Erde aus den saarländischen Landkreisen. Eines ist leer, zur Erinnerung an die fast 800 von den Nazis deportierten Patienten der Klinik. Einige dieser Lebenswege hat der Psychologe Ralf Schmitt, der Initiator des Museums, mit Schülern aus Merzig rekonstruiert. An der Rückwand des Raums: die Reste von Grabkreuzen. Sie stammen vom klinikeigenen Friedhof, auf dem bis 1978 die verstorbenen Patienten beerdigt wurden. Weil es keine Angehörigen gab oder die Heimatgemeinden die Bestattung verweigerten.

Interessant ist auch die Bildergalerie mit Prominenten, die im Laufe ihres Lebens psychisch erkrankt sind: Van Gogh und Hemingway sind zwei der bekanntesten, die trotz ihrer Erkrankung Großes geschaffen haben. Im Bereich dahinter wird die Geschichte der Merziger Psychiatrie erzählt. Unter anderem anhand einer Wolldecke, die einen Patienten bei der Evakuierung im Zweiten Weltkrieg begleitet hat. Eine Krankenschwester hat sie aufbewahrt und im hohen Alter der Klinik zurückgegeben, aus Sorge, ihre Nachfahren könnten sie wegwerfen. Das aufgestickte »M« steht, wie sollte es anders sein, für Merzig.

Adresse Trierer Straße 148, 66663 Merzig | ÖPNV Bus 250, Haltestelle SHG Klinikum | Anfahrt A8, Ausfahrt Merzig, auf Trierer Straße der Beschilderung folgen | Öffnungszeiten nach Anfrage beim Chefsekretariat (Tel. 06861/7051701), Eintritt frei | Tipp Der Friedhof auf dem Klinikgelände wurde von Künstlern zum »Park der Andersdenkenden« umgestaltet. In der alten Einsegnungshalle finden Kulturveranstaltungen statt.

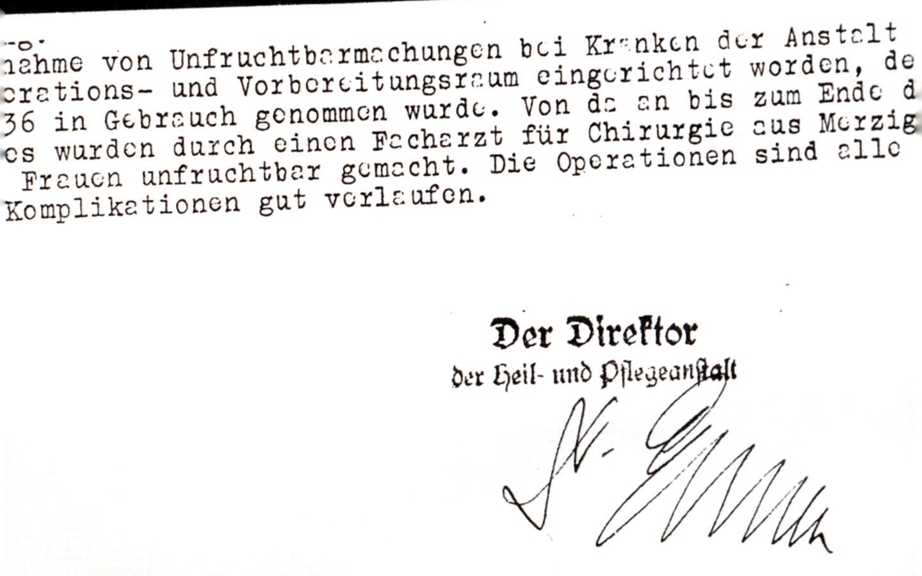

-o-
nahme von Unfruchtbarmachungen bei Kranken der Anstalt
erations- und Vorbereitungsraum eingerichtet worden, de
36 in Gebrauch genommen wurde. Von da an bis zum Ende d
es wurden durch einen Facharzt für Chirurgie aus Merzig
Frauen unfruchtbar gemacht. Die Operationen sind alle
Komplikationen gut verlaufen.

Der Direktor
der Heil- und Pflegeanstalt

35 Der Wolfspark

Der mit dem Wolf heulte

Der Wolf wird gemeinhin als böses, Menschen mordendes Tier gesehen. Dazu haben vor allem die Mythen und Märchen beigetragen, die sich um ihn ranken: In der germanischen Sagenwelt besitzt der Wolf Isegrim die Eigenschaften des verschlagenen Fuchses, und in Grimms Märchen gesellen sich häufig zur Verschlagenheit noch Gier und Grausamkeit dazu. Der Wolf hat, neudeutsch gesprochen, ein Imageproblem. Dass er auch tatsächlich hin und wieder Nutztiere des Menschen reißt, hat zusammen mit seinem eh schon miserablen Ruf dazu geführt, dass das Tier in weiten Teilen Europas ausgerottet wurde. In Deutschland wurde das letzte Exemplar 1904 geschossen.

Aber der Wolf hat auch Freunde, im Saarland hatte er sogar einen sehr guten: Werner Freund. Der gebürtige Hesse, ein anerkannter Tier- und Verhaltensforscher, kam 1972 als Soldat nach Merzig, wo er schließlich sesshaft wurde und ab 1977 den Wolfspark betrieb. Was er dort tat, war weltweit einzigartig: Er lebte mit mehreren Wolfsrudeln zusammen und wurde von ihnen als Leittier, als Alpha-Wolf, anerkannt. Jeden der über 70 Wölfe, die in Merzig zur Welt kamen, hat er selbst großgezogen und im Laufe der Jahre auch die Sprache der Wölfe erlernt. Wenn Freund sein Wolfsgeheul anstimmte, kam die Antwort der anderen Rudel prompt. Bei Spaziergängen durch den Park sollte man das Heulen jedoch den Wölfen überlassen, die Tiere fühlen sich durch unsachgemäßes Laiengeheul gestört.

Menschen wie Werner Freund haben massiv dazu beigetragen, das Image des Wolfs nachhaltig zu verbessern. In vielen europäischen Ländern nimmt der Wolfsbestand wieder zu. Im Jahr 2000 wurden in Deutschland seit 150 Jahren zum ersten Mal wieder Welpen in freier Wildbahn geboren, knapp 20 Jahre später 145 Wolfsterritorien nachgewiesen, mit 105 Rudeln.

Im Februar 2014 ist Werner Freund im Alter von 80 Jahren verstorben. Doch sein Team führt sein Lebenswerk weiter.

Adresse Waldstraße 204, 66663 Merzig | **ÖPNV** Bus 203, Haltestelle Kammerforst, 20 Minuten Fußweg | **Anfahrt** A8, Ausfahrt Besseringen, Richtung Besseringen, vor dem Kreisel Erste links, dann beschildert | **Öffnungszeiten** täglich 9 – 17 Uhr, kostenlose Führungen: erster Sonntag im Monat 16 Uhr oder auf Anfrage (Tel. 0171/7496999) | **Tipp** Ein Wanderweg führt vom Wolfspark zur Kreuzbergkapelle. Jedes Jahr am 19. März gehen Pilger von der Josefkapelle zur Kreuzbergkapelle (Josefswallfahrt).

36 Das B-Werk

Einzigartiges Relikt des Westwalls

Wenn man über den kleinen Hügel am Rande des Gewerbegebiets Siebend spaziert, lassen die verrosteten Stahlglocken, die aus ihm hervorragen, auch den militärisch Ungebildeten ahnen, dass sich darunter ein alter Bunker verbirgt. Es handelt sich jedoch um keinen gewöhnlichen Bunker, sondern um ein sogenanntes B-Werk, die mächtigste Bunkeranlage des Westwalls. Insgesamt wurden 32 B-Werke in den rund 630 Kilometer langen Wall integriert. Die Anlage in Besseringen ist die einzige mit komplett erhaltener Bausubstanz: 44 Räume auf drei Ebenen!

Um in diesen unterirdischen Koloss zu gelangen, muss man sich zunächst durch den niedrigen Eingang quetschen. Dahinter lauert ein gefährliches Hindernis, eine voll funktionsfähige Falltür. Mit dieser mittelalterlich anmutenden Technik wurden die Eingänge sämtlicher B-Werke gesichert. Weiter geht es durch die Hauptschleuse. Mit jedem Schritt gelangt man tiefer in eine rußgeschwärzte, verstörende Parallelwelt, in der vor allem die beiden Panzertürme ins Auge fallen, deren rostig-stählerne Glocken man von außen wahrgenommen hat. Die Turmdecken sind in sechs verschiedenfarbige Sektoren eingeteilt, die zur Kennzeichnung der Schussscharten dienten.

Das B-Werk Besseringen war Teil des sogenannten Orscholz-Riegels, der die potenzielle Einfallschneise zwischen dem Hochwald und Saarbrücken absichern sollte. Die Anlage wurde Ende 1939 fertiggestellt und war für 90 Mann Besatzung ausgelegt, die dort im Bedarfsfall 30 Tage lang völlig autark ausharren konnte.

Ab 2002 wurde das B-Werk zum Museum ausgebaut. Einige der Räume wurden restauriert, andere bewusst im unsanierten Zustand belassen. So auch die beiden Ruheräume, in denen heute die eindrucksvolle Präsentation »Mahnmal gegen Krieg und Gewalt« untergebracht ist. Sie will auf die B-Werke als Teil einer gigantischen Kriegsmaschinerie und die Folgen des Kriegs für die Region aufmerksam machen.

Adresse Zum Kreimertsberg, 66663 Besseringen | ÖPNV DB, Haltestelle Besseringen | Anfahrt A8, Ausfahrt Besseringen. Parkplatz direkt hinter der Brücke zur A8 | Öffnungszeiten April–Sept. So 14–18 Uhr, Führungen auf Anfrage (Tel. 06861/85330 oder 06835/3654) | Tipp Zwischen Besseringen und Mettlach geht es links ab zum vermutlich um das Jahr 1000 gegründeten Kloster St. Gangolf.

37 Sankt Joseph

Versetzte Kapelle über Familiengruft

Kann man eine Kapelle verschwinden und sie irgendwo anders wiederauftauchen lassen? Ja, man kann. Was klingt wie die ultimative Groß-Illusion eines Magiers, war in diesem Fall kein Trick, sondern die intelligente Lösung eines Problems.

Die neogotische Kapelle Sankt Joseph, die sich heute in Mettlach neben der alten Abtei befindet, stand ursprünglich in Wallerfangen auf dem Gelände von Schloss Villeroy. Sie wurde dort im Jahr 1864 an den linken Schlossflügel angebaut.Der Familiensitz gehörte damals Barbe Céphalie, einer Enkelin von Barbe de Galhau, und ihrem Gatten, Henry Thierry (nein, der Fußballer heißt Thierry Henry). Als er starb, sollte die Kapelle seinem Gedenken dienen. Doch dann wurde sie 1878/79 abgetragen und per Treidelschiff nach Mettlach gebracht, wo sie, leicht verändert, Stein für Stein wiederaufgebaut wurde. Aber warum?

Barbe Céphalie hatte Schloss Villeroy den Borromäerinnen vermacht, die darin ein Krankenhaus einrichten sollten. Aber die Räumlichkeiten waren ungeeignet, das Krankenhaus entstand woanders, und so blieb auch die Schlosskapelle ungenutzt. Glück im Unglück: In Mettlach waren ebenfalls die Borromäerinnen für die Krankenpflege zuständig, und dem dortigen Hospital fehlte eine Kapelle. Also stellte Ernest Villeroy, der Erbe des Wallerfanger Schlosses, seinem Onkel Eugen, Wohnsitz: Mettlach, das Bauwerk zur Verfügung. Eine klassische Win-win-Situation.

Da steht er nun, der nur fünf Meter breite Sandsteinbau mit seinem steilen Satteldach, direkt über der Familiengruft der Villeroys. Davon kündet die Inschrift über dem Portal im Innenraum der Kapelle, der einmalig sein dürfte, mit dem strahlend blauen Kreuzrippengewölbe und den wunderschönen »Mettlacher Platten«, die die Seitenwände bis zu einer Höhe von zwei Metern bedecken. Nur finden muss man die Kapelle. Der Zugang liegt etwas versteckt an der Einfahrt zum benachbarten Krankenhaus.

Adresse Bahnhofstraße 9, 66693 Mettlach | ÖPNV DB, Haltestelle Mettlach, kurzer Fußweg, Zugang über Einfahrt DRK-Klinik (Saaruferstraße 10) | Anfahrt A8, Ausfahrt Merzig-Schwemlingen, in Mettlach an der Saaruferstraße parken | Öffnungszeiten täglich 10–17 Uhr | Tipp Villeroy & Boch ist in Mettlach allgegenwärtig: Schloss Ziegelberg (Am Ziegelberg 1) ist die ehemalige Villa von Edmund von Boch und Schloss Saareck (Im Saareckpark), auf der anderen Saarseite, das Gästehaus des Unternehmens.

38__Der »Welles«

Der heilige Nikolaus und die Stromschnellen

Jeder Saarländer kennt die Saarschleife von oben. Aber auch von unten betrachtet besitzt sie ihre Reize, zum Beispiel am Steinbacher Ufer, das zum Mettlacher Ortsteil Dreisbach gehört. Dort geht es deutlich gemütlicher zu als im »Bienenstock« Cloef. In aller Ruhe genießt man den herrlichen Blick auf die steil aufragenden Felsen in der Flusskehre und auf den bewaldeten Höhenzug direkt gegenüber, durch dessen hartes Quarzitgestein die Saar gezwungen war, auf ihrem Weg zur Mosel die berühmte Schleife zu drehen.

Der einzige Weg von Dreisbach zu diesem Höhenzug führt über das kleine Fährboot, die »Welles«. Das Boot, das nur Fußgänger und Fahrradfahrer aufnimmt, ist die letzte Fähre auf der Saar, die noch in Betrieb ist. Wenn man den Fährmann rufen will, läutet man die Glocke neben der Anlegestelle. In nur fünf Minuten bringt er seine Fahrgäste auf die andere Seite.

Der Name »Welles« rührt von der gleichnamigen Stromschnelle her, die sich in früheren Zeiten in der Flusskehre befand und vor der die Saarschiffer gehörigen Respekt hatten. Vor der Kanalisierung der Saar war dort nur eine schmale Fahrrinne passierbar. Wenn der Schiffer sie verfehlte, prallte das Schiff gegen die Felsen. Aus diesem Grund befindet sich in einer Mauernische am Welles eine Statue des heiligen Nikolaus, die nur vom Schiff aus zu sehen ist. Er ist der Schutzpatron der Schiffer, Fischer, Fähr- und Seeleute. An besonders gefährlichen Tagen schickten die Schiffer Stoßgebete zu dem Heiligen und versprachen ihm, armdicke Kerzen in seiner Kapelle zu entzünden, wenn er ihnen dabei half, den Welles heil zu durchqueren.

Heute steht den Schiffern nicht mehr der Angstschweiß auf der Stirn, wenn sie sich der engen Kehre nähern. Riesige Lastkähne schippern den Fluss entlang und biegen in aller Ruhe um die Kurve. Wo früher Stromschnellen waren, ist heute dank der Flussregulierung ruhiges Gewässer.

Adresse Steinbach 4a, 66693 Dreisbach | **ÖPNV** Bus 252/262, Haltestelle Ortsmitte | **Anfahrt** A8, Ausfahrt Schwemlingen, über Schwemlingen nach Dreisbach, Parkplätze an der Saar | **Öffnungszeiten** Fähre: April–Okt. Di–So 10–17.45 Uhr, Nov., März am Wochenende 10–16.45 Uhr, Dez.–Feb. geschlossen, Anlegestelle 100 Meter flussabwärts vom Fährhaus | **Tipp** Im Biergarten Fährhaus hat man einen herrlichen Ausblick und kann nebenbei eine Brotzeit einnehmen.

39 Der Vogelsfelsen

Grandiose Aussicht vom Falkenhorst

Saarhölzbach ist die letzte Bastion vor dem »verbotenen Land«: Die nächste Gemeinde flussabwärts, Taben-Rodt, befindet sich in Rheinland-Pfalz. Interessanter ist jedoch, dass Saarhölzbach an einer der engsten Stellen des Saartals liegt und deshalb über mehrere grandiose Aussichtspunkte verfügt. Der spektakulärste davon ist der Vogelsfelsen.

Es gibt verschiedene Wege zu diesem skurril geformten Felsen rechts der Saar. Man kann vom Bahnhof aus zu Fuß den steilen Anstieg nehmen, das dauert etwa eine Stunde. Oder man nimmt die ausgeschilderte Straße bis zum Waldparkplatz. Von dort führt ein Wanderweg durch herrlichen Mischwald. Hin und wieder öffnet sich der dichte Wald und erlaubt einen Blick ins Saartal. Wer den Blick länger als zehn Sekunden genießen möchte, sollte absolut schwindelfrei sein. Direkt neben dem Weg geht es 150 Meter steil bergab. Nach einer guten Viertelstunde erreicht man – auf etwa 400 Meter Höhe – den Vogelsfelsen. Von hier aus hat man eine phantastische Aussicht auf das Tal mit der sich sanft dahinschlängelnden Saar.

Der Vogelsfelsen heißt nicht nur so, er ist auch einer. Seine Nischen und Vorsprünge sind die einzige natürliche Brutstätte des Wanderfalken im Saarland. Aus diesem Grund darf man den Felsen von März bis August nicht betreten. Wenn man sich aber auf der Aussichtsplattform so weit wie möglich vorwagt, kann man mit ein wenig Glück beobachten, wie sich die Falken von der Felswand stoßen, um in den Aufwind zu fliegen.

Die Falken waren früher auch das Ziel einer ungewöhnlichen Mutprobe. Junge Einheimische erklommen den Felsen unter Einsatz ihres Lebens, um die Nester der Falken auszuheben. Wer den Vogelsfelsen jedoch körperlich und geistig unversehrt verlassen möchte, sollte von solchen Initiationsriten Abstand nehmen. Die Chance, sich noch lange an den einmaligen Ausblick zurückzuerinnern, wird dadurch deutlich erhöht.

Adresse Kirchenstraße, 66693 Saarhölzbach | ÖPNV DB, Haltestelle Saarhölzbach | Anfahrt A8, Ausfahrt Merzig, B51 nach Saarhölzbach, dort Schilder zum Waldparkplatz, 15 Minuten Fußweg | Öffnungszeiten ganzjährig | Tipp Wenn man den Weg zum Vogelsfelsen weiter hinaufsteigt, gelangt man zum Hundscheider Weiher, einem kleinen romantischen See mitten im Wald.

40 Der Gipfel des Litermont

Todessturz und Telefon-Vorläufer

Nicht alle, aber einige Wege führen auf den 414 Meter hohen Gipfel des Litermonts. Der schönste, aber auch beschwerlichste ist die circa neun Kilometer lange »Litermont-Gipfeltour«», 2007 zum »Schönsten Premium-Wanderweg Deutschlands« gekürt und bis heute einer der höchstzertifizierten Wanderwege der Republik (2019: 94 Erlebnispunkte). Wer es bequem mag, kann auch mit dem Auto anreisen. Egal, auf welchem Weg man den Gipfel erreicht, er lohnt sich. Denn neben der schönen Aussicht gibt es dort das Gipfelkreuz und ein ehemals revolutionäres Gerät zur Nachrichtenübermittlung zu bestaunen.

Das Gipfelkreuz wurde zu Ehren der Margarethe von Lidermont errichtet. Sie und ihr Sohn, der spätere Berggeist Maldix, bewohnten der Sage nach eine Burg auf dem Litermont. Auf der Jagd nach einem weißen Hirsch stürzte Maldix von der steilen Felsklippe in den Tod.

Das revolutionäre Nachrichtengerät ist ein optischer Telegraf aus der napoleonischen Zeit. Über den 7,5 Meter hohen Turm konnte man Nachrichten über eine längere Strecke versenden, er war quasi Napoleons Handy. Die Anlage auf dem Litermont war Teil der 1813 errichteten Telegrafenlinie Metz–Mainz. Mit Hilfe einer älteren Linie von Metz nach Paris war Napoleon in der Lage, in einer bis dato unfassbaren Geschwindigkeit Nachrichten vom Rhein nach Paris zu versenden. Dies erfolgte über den beweglichen Querbalken und die drehbaren Zeigerbalken, die über Drahtseilzüge in knapp 200 unterschiedliche Positionen gebracht werden konnten. Jede Position bezeichnete einen bestimmten Teil des telegrafischen Alphabets. Das Gerät wurde von zwei Beamten betätigt: Der eine beobachtete den nächstliegenden Telegrafen mit dem Fernrohr, der andere stellte die Nachrichten am eigenen ein und übermittelte sie so an den folgenden. Vom Litermont aus gesehen standen die nächsten Telegrafen auf dem Lebacher Hoxberg und auf der Siersburg.

Adresse Litermont, 66809 Nalbach | Anfahrt A8, Ausfahrt Nalbach oder A620, Ausfahrt Dillingen-Süd, über Diefflen Richtung Düppenweiler, vorm Ortseingang rechts ab, 2 Kilometer bis zum Parkplatz, von dort circa 400 Meter zu Fuß | Öffnungszeiten ganzjährig | Tipp Margrets Bauernstube (Besitzerin: Margret Lafontaine) liegt 500 Meter unterhalb des Gipfels am Grauen Stein (Tel. 06832/800804).

41 Der Hüttenweg

Wanderung auf Stumms Spuren

Nicht nur das Weltkulturerbe Völklinger Hütte, auch die ehemalige Stahlhütte in Neunkirchen ist einen Besuch wert. Am besten erkunden lässt sich die über 150-jährige Eisen- und Stahlhistorie der Stadt auf dem circa dreistündigen Hüttenweg, der eng mit dem Namen Stumm verbunden ist. Carl Ferdinand Freiherr von Stumm-Halberg, auch bekannt als »Schlacke-Karl« oder »Scheich von Saarabien«, war die schillerndste saarländische Unternehmerfigur des 19. Jahrhunderts. Er hat die Stadt Neunkirchen geprägt wie kein anderer, vor allem durch »seine« Hütte. Nach ihrer Schließung 1982 wurden viele Gebäude abgerissen, doch was davon übrig blieb, ist beeindruckend.

Startpunkt des Rundwegs ist die Stummsche Reithalle, letztes Relikt des einstigen Herrenhauses, ursprünglich Reitbahn für die Stumm-Kinder, heute ein Veranstaltungsort. Weiter geht es zum Wasserturm (1936), der längst nicht mehr die Hochöfen mit Wasser versorgt, sondern Kino- und Restaurant-Gäste mit Filmen, Essen und Getränken. An ihm vorbei gelangt man zur Hochofengruppe, dem ehemaligen »glühenden Herz« der Stadt. Zwei der sechs Öfen und das alte Gebläsehaus (1903) sind noch erhalten. Auf der Gichtbühne von Hochofen VI befindet sich eine Aussichtsplattform. An Hochofen II entlang führt der Weg durch das hübsche Grün hinter der Reithalle. Am Ende links kommt man zum Hammergraben, dessen Wasser früher die Eisenhämmer antrieb. Quert man die Lindenstraße, liegt auf dem Hügel hinter dem Hochbunker die Stummsche Kapelle (um 1850). Sie gilt als das früheste neugotische Bauwerk und die Keimzelle des Historismus an der Saar. Zurück auf der anderen Straßenseite spaziert man am Parkweiher entlang, dann links in die Königsbahnstraße und über die neoklassizistische Direktorenvilla (1921) wieder zur Saarbrücker Straße. An der ehemaligen Hüttenschule (1851) vorbei geht es zurück zum Hochofenensemble. Ende Hüttengelände.

Adresse Stummsche Reithalle: Saarbrücker Straße 21, 66538 Neunkirchen | ÖPNV DB, Haltestelle Neunkirchen, 15 Minuten zu Fuß; Bus R6, Haltestelle Stummplatz, 5 Minuten zu Fuß | Anfahrt A8, Ausfahrt Neunkirchen-Heinitz über Grubenstraße | Öffnungszeiten Führungen: März–Okt. am 1. und 3. Sonntag im Monat, 15 Uhr; oder nach Absprache: Tel. 06821/202–113/122) | Tipp Für den Gegenentwurf zum Stummschen Unternehmertum steht das Geburtshaus von Erich Honecker (Max-Braun-Straße 26).

42 Die Holzbausiedlung

Ökologisches Leben in Reihe

Das klingt nach einer interessanten Vita: Ein einfacher Streifenpolizist bildet sich während seiner 33-jährigen beruflichen Tätigkeit zum diplomierten Architekten weiter. Zwischenzeitlich wird er zu einem Pionier des ökologischen Wohnungsbaus im Saarland. Der Mann heißt Bernd Janes, und auf seine Initiative hin entsteht in den Jahren 1992–95 das erste ökosoziale Wohnprojekt im Saarland, die Holzbausiedlung »Kleiner Hirschberg« im Neunkircher Stadtteil Kohlhof. Der Begriff »ökosozial« steht dabei für ökologisches Leben in einer Gemeinschaft, in der der Einzelne auf bestimmte Dinge zum Wohle aller verzichtet. Die Eigentumsverhältnisse sind anders geregelt: Alles gehört allen.

1996 erhält das Projekt den Saarländischen Staatspreis für Architektur und Ökologie als »gelungenes Beispiel ökologischer Reihenhausarchitektur«. Begründung der Jury: Die vorhandene Baulücke wurde optimal geschlossen, die autofreie Erschließung bedingte eine minimale Flächenversiegelung, und die Nutzung von Brennwerttechnik, Solarkollektoren und des Baumaterials Holz sind ökologisch sinnvoll. Da die Jury auch gestalterische Elemente der Gebäude bewerten sollte, schrie das Janes-Projekt geradezu nach einem Preis. Denn auch die Architektur der Öko-Siedlung kann sich sehen lassen: Die Südseite ist vollständig verglast, die Nordseite fast durchgehend in Holz gehalten. Die blauen Fensterrahmen bilden auf beiden Seiten einen farbigen Kontrast zur restlichen Optik. Bis zum Jahr 2000 entstanden hier insgesamt 16 Niedrigenergiehäuser mit je 140 Quadratmeter Wohnfläche.

Der ökologische Ansatz war für den Wohnungsbau der 1990er Jahre wegweisend. Auf die Frage, ob er für dieses Projekt damals auch belächelt worden sei, entgegnet Janes, der Ausdruck »belächelt« sei viel zu harmlos. Das Bewusstsein der Häuslebauer ändert sich langsam, aber auch in Zeiten des fortschreitenden Klimawandels ist ökologisches Wohnen noch immer keine Selbstverständlichkeit.

Adresse Kleiner Hirschberg, 66539 Neunkirchen-Kohlhof | ÖPNV Bus 305, Haltestelle Kohlhof/Volksbank, 10 Minuten zu Fuß | Anfahrt A8, Ausfahrt Neunkirchen-Kohlhof oder -Wellesweiler | Öffnungszeiten ganzjährig | Tipp Zwischen Kohlhof und dem Kirkeler Ortsteil Bayerisch Kohlhof verlief von 1816–1919 die Grenze zwischen Preußen und Bayern. Am »Grenzsteinweg« kann man noch zahlreiche der ehemals 300 Grenzsteine sehen (Einstieg am Ende der Straße Am Hirschberg).

43__Die Nahequelle

Ein steter Quell der Freude für Pflanzen- und Weinliebhaber

Im Wald bei Selbach findet man, durch eine Steintafel gekennzeichnet, die Quelle der Nahe. Das kleine Rinnsal lässt nicht erahnen, was noch alles vor ihm liegt, bis es nach 116 Kilometern seine volle Größe erreicht hat.

Nachdem die Nahe den Bostalsee im Südosten umschlängelt hat, überquert sie hinter Nohfelden die Grenze zu Rheinland-Pfalz. Kurz darauf fließt sie durch Idar-Oberstein, wo ihr Wasser früher die zahlreichen Edelsteinschleifen antrieb, die der Stadt zu ihrem Ruhm verhalfen. Weiter flussabwärts geht es nach Kirn, wo der Fluss das Brauwasser für das »Kirner Pils« liefert. Deutschlands berühmtester Räuber Johannes Bückler alias der Schinderhannes trieb in dieser Gegend sein Unwesen. Um 1801 hauste er mit seinen Kumpanen auf der Schmidtburg oberhalb des Städtchens, und die Pferde und Rinder, die er zuvor auf seinen Raubzügen erbeutet hatte, wurden an den Ufern des Flusses getränkt.

Die Landschaft an der mittleren und unteren Nahe ist ein bekanntes Weinbaugebiet. Die Rebfläche beträgt über 4.000 Hektar, davon entfallen etwa 80 Prozent auf Rotwein. Die Reben stillen ihren Durst nicht zuletzt mit dem Grundwasser aus der Nahe. Aber nicht nur Weintrauben finden im Nahetal optimale Verhältnisse. Viele wärmeliebende Pflanzen, die man sonst nur noch in Südeuropa findet, haben hier überlebt. Die nächste Stadt auf ihrem Weg Richtung Rhein kennt die Nahe schon sehr lange: Bad Kreuznach. Hier haben bereits die alten Römer gesiedelt und Brücken über die *nava* (lat. »Nahe«) gebaut. Im 14. Jahrhundert ließ Graf Simon II. eine Steinbrücke bauen, die noch heute existiert und passenderweise den Namen Alte Nahebrücke trägt. Knapp 20 Kilometer dahinter hat der Fluss sein Ziel erreicht. In Bingen vereinigt er sich mit dem Rhein und geht mit ihm im großen Weltenmeere auf. Doch ihren Anfang hat die Nahe im Sankt Wendeler Land genommen, im Wald bei Selbach.

Adresse Zur Nahequelle, 66625 Selbach | **ÖPNV** Bus R2, Haltestelle Primstaler Straße, Fußweg 15 Minuten | **Anfahrt** A1, Ausfahrt Primstal, in Selbach links ab Zur Nahequelle, am Ende der Straße parken, circa 100 Meter Fußweg | **Öffnungszeiten** ganzjährig | **Tipp** Die Quelle liegt am Nahe-Radweg, auf ihm kann man den Fluss bis zur Mündung abfahren.

44 Der jüdische Friedhof

»Gelöst ist die Schnur, gebrochen das Band.«
(jüdische Trauerworte des Abschieds)

Der älteste jüdische Friedhof des Saarlandes wurde 1650 in Sötern eingerichtet – der jüdischen Tradition entsprechend außerhalb der Bebauungsgrenzen, auf einer kleinen bewaldeten Anhöhe, die schon den Römern als Gräberfeld gedient hatte. Seit 1941 wird der Friedhof nicht mehr genutzt. Die etwas rudimentär wirkende Pflege der Gräber ist aber vor allem der jüdischen Tradition der Grabesruhe geschuldet. Der Tote darf keinesfalls gestört werden, Bepflanzungen des Grabes werden strikt vermieden. Auch dürfen die Gräber nicht, wie auf christlichen Friedhöfen üblich, nach einer gewissen Zeit eingeebnet werden. Sie sind für die Ewigkeit gedacht. Aus diesem Grund stellen die Grabsteine eine wichtige historische Quelle dar. Leider sind die Inschriften auf den ältesten Steinen, im hinteren Teil des Friedhofs, meist nicht mehr lesbar. Sie sind von Moos und Grünspan überzogen, zudem haben Wind und Regen dem lockeren Sandstein extrem zugesetzt.

Der Friedhof in Sötern wurde mehrfach verwüstet. Zuletzt im März 2008, als zehn Grabsteine mutwillig aus ihren Verankerungen gerissen und umgeworfen wurden. Die mehrfachen Verwüstungen sind in erster Linie dafür verantwortlich, dass es auf dem Friedhof heute nur noch rund 200 Grabsteine gibt – trotz der über 500 Bestattungen, die nachweislich hier stattgefunden haben. Während der Pogromnacht ließen sich die Nazis übrigens noch eine besondere Perfidie für die Söterner Synagoge einfallen: Die jüdischen Gemeindemitglieder wurden gezwungen, sie mit ihren eigenen Händen zu zerstören.

Trotz einer massiven Abwanderung nach 1933 wurden mindestens 25 Juden aus Bosen und Sötern Opfer der Shoah. Deren nach wie vor unfassbares Ausmaß wird durch eine weitere Zahl deutlich: Nur zwei jüdische Friedhöfe im Saarland werden heute noch belegt, der Friedhof an der Goldenen Bremm und der jüdische Teil des Alten Friedhofs in Saarlouis.

Adresse Weiherdamm, 66625 Nohfelden | ÖPNV DB, Haltestelle Türkismühle; Bus R 200 Haltestelle Sötern/Kirmesplatz, 15 Minuten Fußweg | Anfahrt A62, Ausfahrt Türkismühle/Nohfelden, in Sötern erster Abzweig links bis Ende der Straße | Öffnungszeiten ganzjährig | Tipp Unterhalb des Friedhofs steht, einsam auf einer Wiese, das Eingangstor des alten katholischen Friedhofs. Er wurde bis 1969 genutzt. Das alte Synagogengebäude (Hauptstraße 30) beherbergt heute eine Bank.

45 Die Stumm-Orgel

Hier zieht man die ältesten Register des Landes

Der Name Stumm wird im Saarland meist mit Stahlhütten in Verbindung gebracht, aber er steht noch für etwas anders: hochwertige, klangvolle Orgeln.

Die Familie Stumm, ursprünglich aus Rhaunen im Hunsrück, ist eine der ältesten und bekanntesten Orgelbauerdynastien Deutschlands. Die Namensgleichheit mit der Dynastie der Montanunternehmer ist allerdings kein Zufall. Der erste Hüttenbetreiber, Johann Nikolaus, war ein Bruder des ersten Orgelbauers, Johann Michael. Und eine seiner Orgeln steht in Wolfersweiler.

Noch älter als das Instrument ist die evangelische Kirche, in der es sich befindet (Neubau ab 1786), und die erste Kirche, die an dieser Stelle stand, war noch einmal tausend Jahre älter (vermutlich zweite Hälfte des 8. Jahrhunderts). Dagegen ist die Orgel ein wahrer Jungspund. Sie wurde 1834 gebaut, von der vierten Generation des Orgel-Clans, und sie ist die älteste Orgel im Saarland, die sich noch annähernd im Originalzustand befindet.

1968 wurde sie zwar auf den damaligen Zeitgeist getrimmt, das Pedalwerk erweitert und der Winddruck verändert, aber das Prospekt, also die Vorderansicht, und der überwiegende Teil der Pfeifen und des Werks blieben erhalten. Als man das gute Stück später wieder in seinen Ursprungszustand versetzen wollte, fehlten 150.000 Euro für die Restaurierung. Schließlich kam das Geld zusammen, und so hieß es 2019: Orgel abbauen, neue Balganlage und fehlende Register rein, Originallänge der Pfeifen wiederherstellen, Spieltisch renovieren, Orgel wieder einbauen. Am 12. Februar 2021 erfolgte die offizielle Abnahme, und jetzt ist er wieder da: der original Stumm-Sound. Rechtzeitig zum 500. Jahrestag von Luthers Auftritt vor dem Wormser Reichstag, mit dem er die Reformation unumkehrbar und damit eine evangelische Kirche in Wolfersweiler überhaupt erst möglich gemacht hat. Ihre Orgel sollte man nicht nur gesehen, sondern definitiv auch gehört haben.

Adresse Ringmauer 3, 66625 Nohfelden | ÖPNV Bus 602, Haltestelle Wolfersweiler Ortsmitte, 5 Minuten Fußweg | Anfahrt A1, Ausfahrt Tholey, über St. Wendel oder A62, Ausfahrt Nohfelden, über Nohfelden, in Wolfersweiler in die Parkstraße abbiegen | Öffnungszeiten Gottesdienste: So 10 Uhr, Pfarrbüro: Tel. 06852/92307 | Tipp Herzog Kaspar von Pfalz-Zweibrücken starb 1527 nach über 30 Jahren Haft in der Burg Nohfelden und wurde in der Wolfersweiler Kirche beigesetzt. Reste der Grabplatte sind unter der Empore zu sehen.

46 Die Sternwarte

Das »Tor zu den Sternen« für Hobbyastronomen

Auch wenn sie weniger bekannt ist als die benachbarte Sommerrodelbahn – man kann nicht behaupten, dass der Bau der Sternwarte auf dem Peterberg unbemerkt vonstattengegangen sei. Als man ihre fünfeinhalb Meter breite Kuppel über die Autobahn nach Braunshausen transportierte, wurde in den regionalen Medien ausführlich darüber berichtet.

Am 9. September 1997 war es dann so weit: Die erste und bislang einzige Sternwarte des Landes wurde feierlich eröffnet. Damit erfüllte sich für die 150 Mitglieder des »Vereins der Amateurastronomen des Saarlandes e.V.« ein lang gehegter Traum. Seit der Vereinsgründung im Jahr 1977 waren sie auf der Suche nach einem geeigneten Platz für die Sternwarte. Weit weg von den Lichtern der Städte und Dörfer, je höher und einsamer, desto besser. Als – rein wissenschaftlich – dunkelster Ort des Saarlandes entpuppte sich der Peterberg bei Braunshausen, der mit seinen 584 Metern eine der höchsten Erhebungen des Landes ist.

Die Sternwarte verfügt über zwei Beobachtungskuppeln, die größere beherbergt seit April 2010 das Peterberger Halbmeter-Teleskop (PHT), ein Planewave CDK20 Spiegelteleskop. Damit kann man in einen Bereich von etwa 10 Milliarden Lichtjahren vordringen. Das sind 10 Milliarden mal 9,5 Billionen Kilometer! Astronomen gehen täglich mit solch unfassbaren Zahlen um, aber laut eines Betroffenen versuchen auch sie, sich die wahren Dimensionen dahinter gar nicht erst vorzustellen. Die allermeisten der beobachteten Objekte liegen jedoch in unserer Galaxie, der Milchstraße, und sind daher »nur« ein paar Lichtjahre von der Erde entfernt.

Wer noch nie eine Sternwarte von innen gesehen hat, sollte sich eine Kuppelführung auf keinen Fall entgehen lassen, die einmal im Monat stattfindet – astronomischer Vortrag inklusive. Bei Dunkelheit sollte man eine Taschenlampe mitbringen. Der Weg zur Sternwarte ist nicht beleuchtet.

Adresse Peterbergstraße 70, 66620 Nonnweiler | **Anfahrt** A1, Ausfahrt Braunshausen. Hinter dem Ortseingang rechts in Peterbergstraße. Am Schild »Turnerheim/Schutzhütte« links ab, vom Turnerheim 2,5 Kilometer bergauf, am Ende Schild »Zur Sternwarte«, ab Parkplatz 400 Meter zu Fuß | **Öffnungszeiten** April–Dez.: 1. Samstag im Monat, Anmeldung erforderlich unter Tel. 06873/91556 oder auf www.sternwarte-peterberg.de | **Tipp** Das Restaurant Am Peterberg im Gästehaus des Turnerbunds (Peterbergstraße 40). Mo–Sa 11.30–14 und 17.30–21 Uhr, So 11.30–14 Uhr (Tel. 06873/668614)

47 Das Keltendorf

Prähistorisches am Südhang des Dollbergs

Der Dollberg ist mit 695 Metern der höchste Berg des Saarlands. Der Weg dorthin ist schon etwas beschwerlich und ein Ausblick nicht vorhanden, denn der Gipfel liegt in einem Waldgebiet. Am Hang des Dollbergs befinden sich jedoch zahlreiche Spuren keltischer Besiedlung, zum Beispiel der allseits bekannte Ringwall Otzenhausen, den Älteren auch als Hunnenring bekannt, die Überreste einer der mächtigsten keltischen Befestigungsanlagen in Europa. Er wurde spätestens im 1. Jahrhundert vor Christus von den Treverern erbaut, die sich zu jener Zeit im Hunsrück und der Eifel breitgemacht hatten.

Noch nicht ganz so bekannt wie der Ringwall ist der Nachbau eines keltischen Dorfes, wie es vor circa 2.000 Jahren an dieser Stelle gestanden haben könnte. Das gallische Dorf aus den Asterix-Heften lässt grüßen. Hinter den hohen Palisaden aus Eichenholz lugen spitze Dächer und Lehmgiebel hervor. Wenn man die Umfriedung des Dorfes hinter sich gelassen hat, öffnet sich der Blick auf zehn Gebäude, die architektonisch an die archäologischen Funde vor Ort angepasst wurden. Und auf ein munteres Treiben: Vor einem der Wohnhäuser fängt eine Mutter ihre Kinder ein, vor einem anderen Haus bosselt ein Handwerker mit altertümlichem Werkzeug herum, und alle tragen historische Kleidung, die ganz offensichtlich der keltischen nachempfunden ist. Für das perfekte Asterix-Bild fehlen nur die Flügelhelme und ein Rudel Wildschweine.

Neben den Gebäuden gibt es eine Naturarena aus Steinquadern, in der hin und wieder Veranstaltungen stattfinden: Theater, Konzerte und sogar Reitturniere. Bei speziellen Kursen kann man sich auch von kundigen Küchen-Druiden in die keltische Kochkunst einweisen lassen. Das Dorf ist Teil des großangelegten Keltenparks, der die Natur des Schwarzwälder Hochwalds und die alte Kultur der »Saar-Gallier« zusammenbringen soll. Beim Teutates, eine gute Idee!

Adresse Ringwallstraße 80, 66620 Nonnweiler | ÖPNV DB, Haltestelle Türkismühle; Bus R 200, Haltestelle Ringwall | Anfahrt A1 oder A62, Ausfahrt Nonnweiler-Otzenhausen, Schilder »Waldparkplatz« | Öffnungszeiten April–Okt. Sa, So und feiertags 10 – 18 Uhr, Führungen sonn- und feiertags 15 Uhr oder auf Anfrage (Tel. 06873/660-14/19) | Tipp Am Waldparkplatz liegt der Einstieg in den keltischen Skulpturenweg »Cerda & Celtoi«.

48 Das Kegelsportzentrum

Im »Wohnzimmer« des Rekordmeisters

21 Mal Deutscher Meister bei den Herren, 9 Mal bei den Damen, mehrere internationale Titel mit der Clubmannschaft und mehrere Europa- und Weltmeistertitel von Einzelspielern. Nein, wir reden nicht von Bayern München und auch nicht von Fußball. Wir reden von den Kegelfreunden Oberthal, der erfolgreichsten Vereinsmannschaft des Saarlandes.

Obwohl das deutsche Vereinswesen nirgends so ausgeprägt ist wie im Saarland, ist internationaler Spitzensport doch eher selten. Umso beachtlicher ist, was die Amateure der KF Oberthal in den vergangenen Jahren geleistet haben. Die Herren sind mit 14 aufeinanderfolgenden Meisterschaften (1999–2015) die dominierende Mannschaft in der ersten Bundesliga »Schere«. Und auch die Damen wurden 6-mal nacheinander Deutsche Meister (2014–2019).

»Schere«? Ziel des Kegelns ist laut Wikipedia, »von einem Ende einer glatten Bahn aus mit kontrolliertem Schwung eine Kunststoffkugel ins Rollen [zu] bringen, um die am anderen Ende der Bahn aufgestellten Kegel umzulegen«. In Deutschland tut man dies allerdings auf vier verschiedenen Bahnarten. Die im Saarland übliche ist die Scherenbahn, bei der sich die Kugellauffläche vor dem Kegelstand scherenartig verbreitert. Mit ihren acht Bahnen und der großen Zuschauertribüne gilt die Kegelsporthalle in Oberthal als eine der schönsten überhaupt. Wer also einmal Weltklasse-Kegelsport sehen möchte, Oberthal *is the place to go*.

Die Halle ist übrigens nicht nur Vereinssportlern vorbehalten, auch Hobbykegler sind erwünscht. Mit etwas Glück erwischt man eine der Bahnen, auf denen Holger Mayer von den KFO im Jahr 2010 deutschen Rekord geworfen hat (1029 Holz aus 120 Würfen = 8,58 Holz pro Wurf). Dieser liegt höher als der aktuelle Weltrekord (Daniel Mittelstädt, KFO, 991 Holz). Der Grund: Der Kegelsport gehorcht eigenen Gesetzen. Weltrekorde dürfen nur bei Weltmeisterschaften aufgestellt werden.

Adresse Osenbachstraße 84, 66649 Oberthal | Anfahrt A1, Ausfahrt Primstal, über Selbach nach Oberthal, in Oberthal rechts in die Flur-, links in die Schwimmbadstraße, gleich wieder rechts | Öffnungszeiten Gaststätte Mo 17–22.30 Uhr, Di 15–22 Uhr, Do 15–24 Uhr, Fr 17–24 Uhr, Sa 18–24 Uhr, an Spieltagen 11–15 Uhr (Tel. 06854/8989) | Tipp 10 Autominuten entfernt befindet sich der Einstieg in den Oberthaler Bruch (Scheuerbergstraße), eines der größten Naturschutzgebiete im Land.

49 Die Altstadt

Bürgerhäuser an der oberen Blies

Wenn man den Namen »Blies« hört, denkt man unweigerlich an Blieskastel oder den Bliesgau und vergisst, dass es auch eine obere Blies gibt. Hier liegt die alte nassauische Residenz Ottweiler, einer der wenigen Orte im Saarland mit einer intakten Altstadt. Vom Alten Wehrturm aus betrachtet, erinnern die roten Ziegeldächer an mittelalterliche Städte in Italien. Tatsächlich stammt das älteste noch erhaltene Haus Ottweilers aus dem Spätmittelalter (1444). Es liegt am inneren Teil des »Zwingers«, einem schmalen Gelände zwischen den alten Stadtmauern (Goethestraße 8).

Im Jahr 1550 verlieh Kaiser Karl V. Ottweiler die Stadtrechte. Aus Leibeigenen wurden freie Bürger, und diese bauten Häuser, große Häuser. Die Bürgerhäuser rund um den Rathausplatz und den Schlosshof prägen noch heute das Stadtbild. Der Rathausplatz ist der jüngere Teil der Altstadt. Das Haus am Rathausplatz 2 war um 1700 von dem Gerber Johann Valentin Presser bewohnt, einer seiner Nachfahren richtete hier die »Schankwirtschaft zur Rose« ein. Das Gebäude am Rathausplatz 12 wurde laut der Inschrift über der Haustür im Jahr 1667 erbaut. Hier wohnte unter anderem der Oberforstmeister am gräflichen Hof, Leopold Wilhelm von Bettendorf. Seine Familie bewohnte das Haus bis 1750.

Am Schlosshof stammen die Häuser teilweise aus dem 16. Jahrhundert. Das Haus Schlosshof 1 wurde 1599 erbaut. Es gehörte wohl ursprünglich Graf Ludwig II. und dessen Bruder Johann Casimir. In späteren Jahrhunderten wurde es als Gaststätte, Bäckerei und Schmiede genutzt. Das Haus Schlosshof 5 ist noch älter. Es ist vermutlich 1590 vom Grafen Albrecht von Nassau-Weilburg-Ottweiler errichtet worden und war der Sitz des gräflichen Amtmanns. Die auffällige Giebelspitze zeigt das sogenannte Allianzwappen des Hauses Nassau-Saarbrücken mit allen Herrschaften, die zwischen dem 14. und 16. Jahrhundert an das Haus Nassau gefallen waren.

Adresse Schloßstraße, 66564 Ottweiler | ÖPNV DB, Haltestelle Ottweiler, kurzer Fußweg | Anfahrt A8, Ausfahrt Spiesen, oder A1, Ausfahrt Illingen, in Ottweiler in der Schloßstraße parken | Öffnungszeiten ganzjährig | Tipp Im Schulmuseum (Goethestraße 13) ist ein kompletter Schulsaal mit altem Inventar eingerichtet. Dahinter: ein Turnplatz im Stil des 19. Jahrhunderts, Info: Tel. 06824/4649.

50 Das »Witwenpalais«

Kostbares Porzellan im Stengelbau

Das Witwenpalais ist das einzige Stadtpalais, das Friedrich Joachim Stengel entworfen hat. Den roten Sandsteinbau ließ Fürst Wilhelm Heinrich zwischen 1756 und 1760 für seine Frau Sophie errichten. Der Begriff »Witwenpalais« ist irreführend. Nach dem Tod Wilhelm Heinrichs wohnte Sophie zwar zeitweilig hier, aber ihr eigentlicher Witwensitz war im Elsass. Das Palais errichtete Wilhelm Heinrich als städtisches Wohnhaus für seine Besuche in Ottweiler. Bereits Mitte der 1750er Jahre muss Stengel mit der Planung des Baus, der an französische Stadtpalais angelehnt ist, begonnen haben. Obwohl es relativ klein ist, zeigt die prachtvolle Gestaltung der dreigeschossigen Fassade, dass es etwas Besonderes sein sollte.

Ein Grund für Wilhelm Heinrichs Besuche war die Porzellanmanufaktur, die er 1763 in Ottweiler gründete. Ein klassisches Prestigeobjekt – denn es steigerte das Ansehen, wenn man als Fürst eine eigene Porzellanmanufaktur besaß. Angenehmer Nebeneffekt: Man hatte diplomatische Geschenke, mit denen man Eindruck machen konnte. Zumal das Ottweiler Porzellan aus der vergleichsweise teuren »Passauer Erde« gefertigt wurde.

Nach dem Tod von Fürst Wilhelm Heinrich 1768 wurde die Manufaktur unter Sohn Ludwig neu organisiert und von wechselnden Pächtern betrieben. Im Jahr 1800 stellte die Manufaktur den Betrieb ein, und die Gebäude wurden verkauft. Während der Napoleonischen Kriege wurde einiges Ottweiler Porzellan nach Frankreich verschleppt. Mittlerweile ist es eine rare Kostbarkeit. Weil es nur 30 Jahre lang hergestellt wurde und weltweit nur etwa 150 Stücke bekannt sind, zählt es zu den seltensten Porzellanen der Welt, erzielt bei Auktionen hohe Preise und wird in Museen ausgestellt. Aber auch im Witwenpalais, im kleinen Sitzungssaal, auch bekannt als Porzellanzimmer.

Ein Portal an der Vorderseite sucht man heute übrigens vergeblich, der Zugang erfolgt über die Nebengebäude.

Adresse Wilhelm-Heinrich-Straße 36, 66564 Ottweiler | ÖPNV DB, Haltestelle Ottweiler, 5 Minuten Fußweg | Anfahrt A8, Ausfahrt Neunkirchen, Richtung St. Wendel/Ottweiler | Öffnungszeiten Info unter Tel. 06821/972920 | Tipp In der Nähe (Bliesstraße 2) befindet sich der »Stengel-Pavillon«, ein barockes Jagdschlösschen (um 1758), das ebenfalls Wilhelm Heinrich errichten ließ.

51 Wern's Mühle

Öl aus dem Ostertal – ein Familienprojekt seit 1841

Nach dem Dreißigjährigen Krieg lockten die Grafen von Nassau-Saarbrücken für die Neubesiedlung ihrer Gebiete Familien aus dem Alpenraum an. Viele folgten dem Ruf, darunter auch die Werns aus dem Berner Oberland. Im Jahr 1704 wurde die Familie in Fürth im Ostertal ansässig. Doch erst weit über hundert Jahre später, ab 1841, stand hier die erste Mühle, in der vor allem Rapsöl erzeugt wurde, später folgten Stallungen und ein Wohnhaus.

Weil man die Mühle immer nur ein paar Monate nach der Ernte betreiben konnte, lebte die Familie lange von der Landwirtschaft. In den 1950er Jahren jedoch stieg die Nachfrage an pflanzlichen Ölen zur Margarineherstellung, und Wern's Mühle entwickelte sich zum größten Ölproduzenten des Landes. Doch 1959, nach dem wirtschaftlichen Anschluss an die Bundesrepublik, war Schluss, die Konkurrenz zu groß, und die Mühle stand still.

Bis 1990, dann entwickelten die Nachfahren der Werns den Plan, sie zu restaurieren und für Besucher zu öffnen. Alles, auch das Wasserrad, sollte wieder laufen. Und schon fünf Jahre später war es so weit! Ein Mix aus moderner Elektronik und hundert Jahre alten Maschinen. Herzstück der Mühle war und ist die »alte Lady«, die Stempelpressanlage, in der seit 2013 wieder produziert wird, zum Beispiel Walnussöl mit Nüssen aus der Gegend. Für ihre Verarbeitung hat ein Helfer den »Knacki« erfunden, eine elektrische Nussknackmaschine. Die handverlesenen Kerne werden in der alten Lady gepresst, aus einem Kilo gewinnt sie rund 600 Milliliter Öl. Das Walnuss-Mehl aus dem Presskuchen wird in der Küche des Gasthauses nebenan zu Flûtes, Nudeln oder »Mehlknäppcha« verarbeitet.

Ein so alter intakter Maschinenpark mitsamt Stempelpressse und Wasserrad ist bundesweit eine Rarität. Die Vorfahren der Werns wären stolz, wenn sie wüssten, dass ihre »alte Lady« heute wieder konkurrenzfähig ist, zumindest beim Walnussöl.

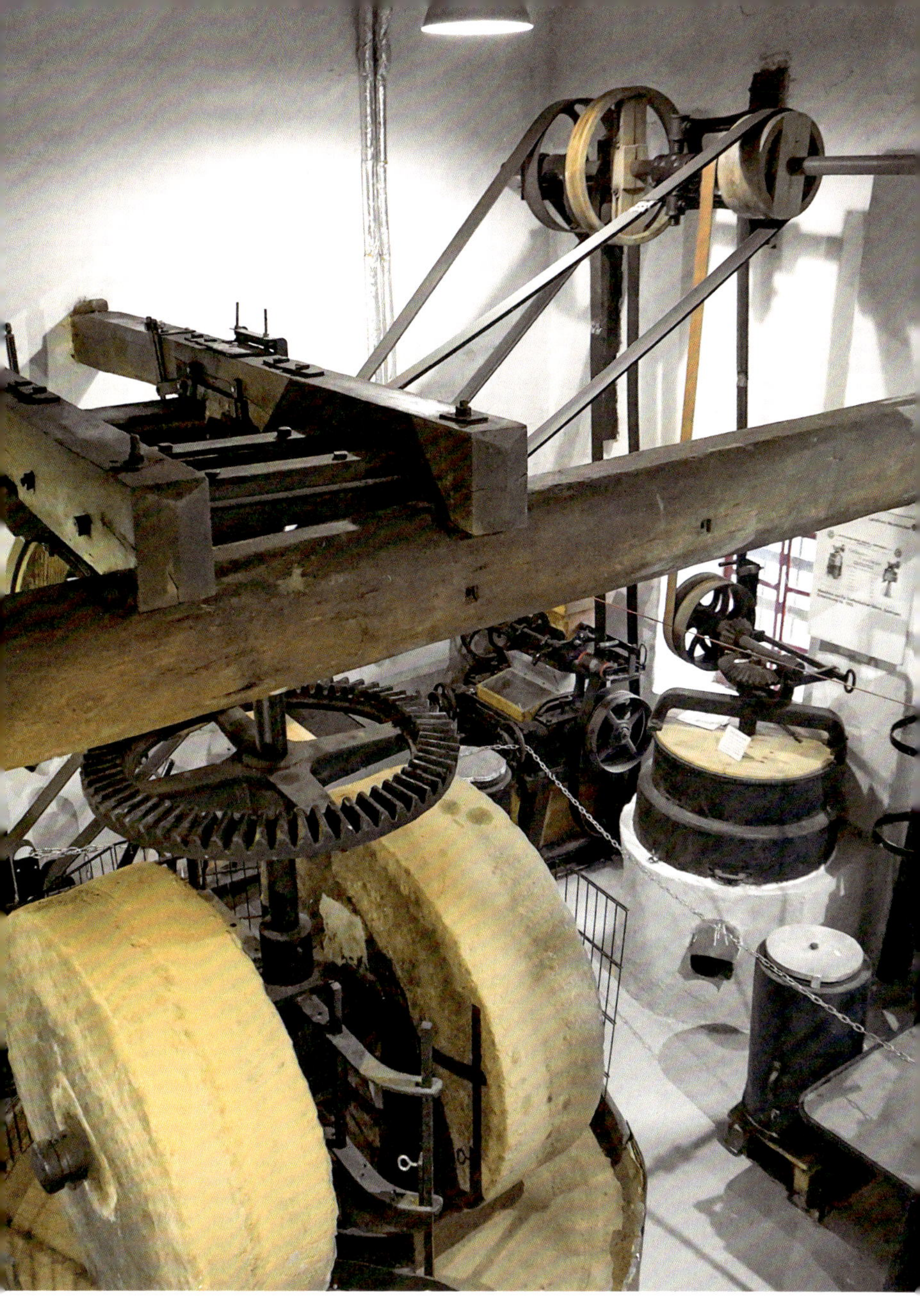

Adresse Brückenstraße 37, 66564 Fürth | ÖPNV Bus 304, Haltestelle Kirche, kurzer Fußweg | Anfahrt A8, Ausfahrt Neunkirchen-Oberstadt, über Hangard oder A8, Ausfahrt Neunkirchen, über Ottweiler | Öffnungszeiten Gasthaus: Tel. 06858/6999211; Führungen nach Anmeldung auf unsere.werns-muehle.de | Tipp Eine Führung mit Schaubetrieb ist beeindruckend, bei ausreichendem Pegelstand wird die Mühle mit Wasserkraft betrieben.

52 Die Weingemeinde

Moselwein aus dem Saarland

»Perler Hasenberg« und »Nenniger Schlossberg« – die Namen deuten es an. Perl ist eine Weingemeinde. Um genau zu sein, die einzige Weingemeinde im Saarland. So weit, so einfach. Es geht aber auch kompliziert: Die eben erwähnten Einzellagen sind nämlich keine Saarweine, sondern Moselweine. Warum? Weil Perl und der dazugehörige Ortsteil Nennig an der Mosel liegen.

Die am dünnsten besiedelte Gemeinde des Landes ist gleichzeitig einer der wärmsten Orte Deutschlands. Dies ist *ein* Grund dafür, warum der Wein hier so gut gedeiht. Ein anderer Grund sind die Muschelkalkböden. Das haben schon die Römer erkannt. Die Reben haben sie zwar sehr wahrscheinlich *nicht* ins kalte Germanien importiert, aber sie brachten den Moselweinbau zu seiner ersten Blüte.

Viele Jahrhunderte später wurden dem Saarland bei der Gebietsreform 1946 viele Gemeinden zugeschlagen, die ursprünglich auf rheinland-pfälzischem Gebiet lagen, unter anderem auch das Weinland zwischen Perl und Nennig. Heute wird dort auf einer Fläche von rund 116 Hektar hauptsächlich Weißwein angebaut. Wer sich intensiver mit dem Thema beschäftigen möchte, sollte zum Hasenberg, dem ältesten Weinberg Perls, wandern. Dort ist ein Lehrpfad angelegt, der Informationen über Boden, Rebsorten und die Arbeitsabläufe im Weinbau bietet. Am oberen Ende des Weinbergs steht ein Grenzstein aus dem Jahr 1830, mit einem »P« für Preußen und einem »F« für Frankreich. Das untere Ende des Weinbergs markiert den heutigen Grenzverlauf. Hier wird Geschichte auf den Punkt gebracht.

Wer sein theoretisches Weinwissen mit praktischen Übungen unterfüttern möchte, der sollte beim Saarländischen Weinsommer vorbeischauen. Von April bis Oktober kann man sich an jedem Wochenende durch die Perl-Nenniger Weingüter trinken. Oder im »Haus der Saarländischen Weine« an der Alten Maimühle. Oder beim Weinfest in Nennig Ende August, Krönung der saarländischen Moselweinkönigin inklusive.

Adresse 66706 Perl | ÖPNV Perl: Bus 260, Haltestelle Maimühle; Nennig: DB oder Bus 260, Haltestelle Bhf. Perl/Nennig | Anfahrt A8, Ausfahrt Perl, Richtung Perl oder Richtung Nennig/Thionville | Öffnungszeiten Weinfest Perl: am letzten Oktober-Wochenende | Tipp Das Palais von Nell (1733) an der Biringer Straße war bis zur Franz. Revolution ein Hofhaus. Der Barockgarten ist ganzjährig geöffnet (Tel. 06861/911068).

53 Das Tabernakel-Retabel

Die Heiligen, die niemand kennt

Die Püttlinger Liebfrauenkirche (1890) wurde in den 1950er Jahren von den Architekten Dominikus und Gottfried Böhm erweitert und umgebaut, von 1978 bis 1990 auch der Altarraum. Zu diesem Anlass schuf der Kölner Künstler Klaus Balke ein ungewöhnliches Retabel (1983–87). So nennt man seit dem Mittelalter eine Schauwand hinter dem Altar, in diesem Fall umfasst sie aber den Tabernakel. In einer Gefacharchitektur sind zahlreiche gegossene und von Hand nachmodellierte Terrakotta-Figuren um das Motiv der »Madonna im Schutzmantel« gruppiert: saarländische Bergleute, Korngarben schleppende Bauern, afrikanische, südamerikanische und asiatische Figuren, eine Gruppe von Reispflanzerinnen und die ausgezehrten Opfer eines Todesmarsches. Es sind allesamt hart arbeitende, teilweise körperlich versehrte und extrem leidende Menschen, die in einem Presseartikel einmal als »die Heiligen, die niemand kennt«, tituliert wurden. Balke hat häufig reale Fotos als Vorbilder für die Figuren benutzt und sich so bewusst von den mittelalterlichen Retabeln und ihren Märtyrerlegenden abgesetzt, um zu betonen, dass es sich um normale Menschen und ihre realen Geschichten handelt.

Die Figuren aus Bolivien haben einen besonderen Bezug zur Liebfrauenkirche. Josef Maurer, Erzbischof von Sucre und der erste Kardinal Boliviens, stammte aus Püttlingen. Die Pfarrgemeinde unterhält seit vielen Jahren die »Aktion 33«, mit der Bildungsprojekte in Bolivien gefördert werden.

Ebenfalls erwähnenswert: die Figur »Trauernde Eltern«, in der zweiten Reihe oben rechts. Sie ist das Vorbild für eine kleine Bronzeplastik, die Balke 1985 an einem sowjetischen Ehrengrabmal in Köln-Gremberg aufstellte. Die Idee lieferte wieder ein Foto: Es zeigt ein Elternpaar, das gerade eben unter 7.000 Zivilisten, die auf der Krim einem Massaker der Wehrmacht zum Opfer gefallen waren, seinen Sohn identifiziert hat.

Adresse Kardinal-Maurer-Straße 15, 66346 Püttlingen | ÖPNV Bus 192, Haltestelle Peter-Wust-Schule, 5 Minuten Fußweg | Anfahrt A620, Ausfahrt Völklingen oder A8, Ausfahrt Schwalbach | Öffnungszeiten Info im Pfarrbüro: Tel. 06898/66041 | Tipp Das in ehrenamtlicher Arbeit erbaute und 1958 von Kardinal Maurer eingeweihte Kloster Heilig Kreuz (Völklinger Straße 197) mit der an Le Corbusier erinnernden Kirche (1960).

54 Das Knappschaftskrankenhaus

Ein Tempel der sozialen Fürsorge

Zu Beginn des 20. Jahrhunderts kommen immer mehr Bergleute in die Kohlereviere an der Saar, um dort unter teils miserablen Bedingungen zu malochen. Eine 40- oder gar 35-Stunden-Woche ist zu jener Zeit unvorstellbar, Arbeitsschutz ein Fremdwort. Dies hat zur Folge, dass eine adäquate Gesundheitsversorgung nicht mehr gewährleistet werden kann. Die Krankenhäuser in Sulzbach, Völklingen und Neunkirchen sind heillos überfüllt. Um sie zu entlasten, entschließt sich die Saarbrücker Knappschaft, ein neues Krankenhaus im Fischbachtal zu errichten, das größte im gesamten Regierungsbezirk Trier.

Zwischen 1907 und 1910 entsteht in einer großzügigen Parkanlage zwischen Quierschied und Fischbach ein imposanter Bau im Stil der deutschen Neorenaissance. Für welche Klientel er gedacht ist, lässt sich an dem großen Relief über dem Haupteingang ablesen. Es zeigt einen Bergmann in der Grube und einen Verletzten, die durch die Äskulapschlange getrennt werden. Wegen möglicher Grubenbeben steht das Haupthaus auf einem Sicherheitssockel mit einem Durchmesser von 400 Metern. Darum herum verteilen sich mehrere Nebengebäude aus den 1920er Jahren: zwei Ärztewohnhäuser, ein Pflegerwohnhaus und mehrere kleinere Versorgungsgebäude. Das denkmalgeschützte Ensemble zeigt exemplarisch, wie sich die Gesundheitsfürsorge im Bergbau zu Beginn des 20. Jahrhunderts entwickelte. Die Grubenbetreiber übernahmen zunehmend Verantwortung für ihre Arbeiter, was in anderen Industriebereichen auch lange Zeit danach nicht an der Tagesordnung war.

Mit der schwindenden Bedeutung des Bergbaus werden allerdings auch immer weniger Klinikbetten benötigt, und so stellte das Knappschaftskrankenhaus seinen Betrieb 1992 ein. Mittlerweile sind dort ein privates Gesundheitszentrum und eine Pflegefachschule untergebracht, zu der ein öffentliches Bistro gehört.

Adresse Fischbacher Straße 100, 66287 Quierschied-Fischbach | ÖPNV Bus 132/172, Haltestelle Krankenhaus | Anfahrt A8, Ausfahrt Friedrichsthal/Bildstock, durch Maybach Richtung Fischbach | Öffnungszeiten außen ganzjährig; Bistro: Mo–Fr 8–14 und 15–18.30 Uhr, Sa, So, Feiertag 11–14 Uhr | Tipp Das Alte Pförtnerhaus mit Biergarten. Mo, Mi–Fr, So 11.30–14.30 und 17.30–21 Uhr, Sa 17.30–21 Uhr (Tel. 06897/9387710).

55__Der Solarpark

Wo sich fossile und erneuerbare Energien treffen

Symbolischer kann ein Bild für die Wende von alten zu neuen Energieträgern nicht sein. Auf dem ehemaligen Absinkweiher der Grube Göttelborn, zwischen dem »Weißen Riesen« (größter Förderturm Europas) und dem Kohlekraftwerk Weiher befindet sich eine beeindruckende Photovoltaikanlage. Der alte Absinkweiher ist ein idealer Standort: Der kühle Boden fördert die Leistung der Module.

Vor der neuen Nutzung glich die knapp 17 Hektar große Fläche einer schlackegrauen Mondlandschaft. Jetzt stehen dort, fein säuberlich aufgereiht, knapp 50.000 Solarmodule auf einer Fläche, die so groß ist wie 20 Fußballfelder. Die Spitzenleistung des Solarparks beträgt 8,4 Megawatt. Damit könnte ganz Göttelborn mit Strom versorgt und der Ausstoß von 6.500 Tonnen CO_2 vermieden werden.

Ein riesiger Solarpark im Saarland? Die Idee klingt auf Anhieb gar nicht mal so gut. Schließlich liegt Göttelborn nicht in der Sahara. Doch wer sich bei Sven Plöger & Co. nach den klimatischen Voraussetzungen erkundigt, wird sich wundern. Mit bis zu 1.800 Sonnenstunden im Jahr gehört das Saarland neben Bayern und Baden-Württemberg zu den Top drei in Deutschland und ist damit als Standort für Solarparks durchaus geeignet.

Den besten Blick auf den Solarpark hat man vom »Himmelspfeil«, einer circa 100 Meter langen asphaltierten Rampe zwischen Bergehalde und Photovoltaikanlage. Am Ende der Rampe befindet sich auf einer Höhe von 384 Metern eine Aussichtsplattform mit einer grandiosen Aussicht, über das Gelände und weit darüber hinaus.

Dreht man dem Solarpark den Rücken zu, sieht man das benachbarte Kohlekraftwerk. Es verfügt über eine Gesamtleistung von 700 Megawatt und erzeugt damit über 80-mal so viel Energie wie der Solarpark. Aber vielleicht gilt ja im Hinblick auf ihre Emissionen für Energieträger der gleiche Spruch wie für tierische Lastenträger: »Besser ein gesunder Esel als ein krankes Pferd.«

Adresse Zum Schacht, 66287 Göttelborn | ÖPNV Bus 172, Haltestelle Markt, 10 Minuten Fußweg | Anfahrt A8, Ausfahrt Quierschied oder Ausfahrt Merchweiler, in Göttelborn Abzweig Zum Schacht, am Sportplatz vorbei durch das Grubengelände, hinter Unterführung rechts über Brücke, wieder rechts, dann links zum ›Himmelspfeil‹ | Öffnungszeiten ganzjährig | Tipp Die »Cafécantine Flöz« (Am Campus 2, Tel. 06825/9541068).

56 Die Burg Siersberg

Panoramablick aus alten Gemäuern

Siersburg ist ein Ortsteil der Gemeinde Rehlingen-Siersburg, in Siersburg wiederum gibt es den Ortsteil Siersdorf, die Burg auf dem Siersberg bei Siersdorf heißt eigentlich Burg Siersberg, wird aber im Volksmund nur »die Siersburg« genannt.

Die Dinge liegen scheinbar etwas kompliziert. Relativ einfach ist hingegen der Aufstieg zur Burg. Vom Parkplatz aus kann man den teils steilen Anstieg in fünf bis zehn Minuten bewältigen. Am Ende des von jungen Obstbäumen gesäumten Wegs wurde eine Treppe gegossen, das erleichtert den Schlussspurt über den noch sichtbaren, fünf Meter breiten Burggraben. Oben öffnet sich der Blick auf das herrliche, von den Festungsmauern umrahmte Plateau, auf dessen weitläufigen Wiesen in normalen Sommern das weithin bekannte Burgfest, ein Mittelaltermarkt und ein dreitägiges Open-Air-Kino stattfinden.

Der Blickfänger der hochmittelalterlichen Anlage ist der Bergfried, der am stärksten gesicherte Turm der Burg. Das Spitzbogenfenster über der nachträglich eingebauten Tür war früher der Eingang, der nur über eine Holztreppe erreichbar war. Im Keller befindet sich der sogenannte Hexenkerker, denn auf der Burg fanden rund 70 Hexenprozesse statt, deren Urteile vor Ort vollzogen wurden. Das große Kreuz auf dem Plateau hat damit aber nichts zu tun. Es steht auf den Resten eines Burgmannhauses. Die Nachfahren haben es zum Gedenken an ihre Familie aufgestellt.

Der interessanteste archäologische Fund sind die Reste einer bleiverglasten Scheibe aus dem 13. oder 14. Jahrhundert – das vermutlich älteste Fenster des Saarlands. Auch ohne dieses Fenster ist die Aussicht spektakulär. Aus nur knapp 300 Meter Höhe hat man einen Panoramablick ins Umland: auf die Streuobstwiesen, das romantische Niedtal, das Saartal – weit über die Dillinger Hütte hinaus – bis zum Litermont und dem Hochwald. Da wird alles scheinbar Komplizierte plötzlich ganz leicht.

Adresse Burgstraße, 66780 Siersburg | ÖPNV DB, Haltestelle Siersburg, 10 Minuten Fußweg; Bus 411, Haltestelle Burgstraße | Anfahrt A8, Ausfahrt Rehlingen-Siersburg, in Siersburg beschildert | Öffnungszeiten April–Sept. 7–20 Uhr, Okt.–März 9–16 Uhr, Turmbesichtigung in Absprache mit der Burgwartin (Tel. 06835/2663) | Tipp Der Hexengarten an der Sankt-Willibrord-Kapelle (An der Kapelle 2).

57__Die Wackenmühle

Bilderbuch-Aue im Niedtal

Die Nied besteht eigentlich aus zwei Flüssen, aus der *Nied Allemande* (deutsche Nied) und der *Nied Française* (französische Nied). Nur ein Drittel ihres Wegs legt sie auf deutschem Boden zurück. Von ihrem Grenzübertritt bei Niedaltdorf bis zu ihrer Mündung in die Saar bei Rehlingen sind es gerade mal 17 Kilometer. Doch weniger ist manchmal mehr. Trotz seiner geringen Ausdehnung zählt das Niedtal zu den malerischsten Landschaften, die das Saarland zu bieten hat. Der Fluss ist weitgehend naturbelassen und hat nie eine industrielle Nutzung erfahren.

Am besten erkundet man das Niedtal zu Fuß oder mit dem Fahrrad. Der Niedtalradweg zwischen Rehlingen und Hemmersdorf gilt als eine der schönsten Strecken des Saarlandes. Zu Fuß empfiehlt sich vor allem der Abschnitt zwischen Niedaltdorf und Hemmersdorf. Dort angekommen erwartet einen ein malerisches Idyll mit einem historischen Gebäude, der Wackenmühle. 1563 erstmals urkundlich erwähnt, erhielt sie 1855 ihre heutige Form. Genau hundert Jahre später wurde sie stillgelegt und nach und nach zu einem Wohnhaus mit Gastwirtschaft umgebaut. Die ist noch immer ein beliebtes Ausflugslokal, und das liegt vor allem an ihrer bezaubernden Lage. Direkt neben dem Mühlenwehr breitet sich eine Flussaue wie aus dem Bilderbuch aus. Die Nied ist das einzige natürliche Badegewässer des Saarlandes, lange war der Fluss ein beliebter Ort zum Schwimmen und Planschen. Wegen der schlechten Wasserqualität ist das Baden jedoch seit Jahren verboten. Dafür werden immer häufiger Stand-up-Paddler gesichtet.

Das Niedwasser an der Wackenmühle dient aber noch einem weiteren Zweck. In der Gaststätte kann man einen Blick auf das alte Mühlenrad werfen, das immer noch fleißig vor sich hinklappert. Als man sich Ende der 1980er Jahre darauf besann, natürliche Energieformen zu nutzen, wurde es instand gesetzt und versorgt heute die gesamte Mühle mit Strom.

Adresse Zur Wackenmühle 4, 66780 Hemmersdorf | ÖPNV DB, Haltestelle Hemmersdorf, 15 Minuten Fußweg | Anfahrt A8, Ausfahrt Rehlingen-Siersburg, über Siersburg nach Hemmersdorf, dort beschildert | Öffnungszeiten Mo ab 16 Uhr, Mi–So ab 11 Uhr (Tel. 06833/555) | Tipp Die Wackenmühle liegt am »Grenzblickweg« und dem »Druidenpfad«.

58 Die Prämienhäuser

Frühe Eigenheimzulage für Bergleute

Steiger-, Schacht- und Glückaufstraße … der Riegelsberger Ortsteil Buchschachen hat eine Bergbaugeschichte. Als Anfang der 1850er Jahre ein neuer Stollen in der Nähe von Riegelsberg geteuft wird, zieht dies zahlreiche Arbeiter in den Ort. Wohnraum muss her, und die Grubenverwaltung hat eine zündende Idee: Kauft ein Bergmann einen Bauplatz, bekommt er ein günstiges Darlehen und einen Zuschuss, die Prämie. Das dazugehörige, nach Musterplänen errichtete Haus heißt fortan Prämienhaus (auch: Saarbrücker Prämienhaus). Durch das eigene Heim und die damit verbundene Möglichkeit einer kleinen Landwirtschaft wurden viele Bergleute dazu animiert, sich an ihrem Arbeitsort fest anzusiedeln. Die »goldene Fessel« ist ein Erfolgsmodell: Um 1890 wohnten bereits zwei Drittel der saarländischen Bergleute in den eigenen vier Wänden. Bis zum Ende des Ersten Weltkriegs gab es rund 9.000 Prämienhäuser, die das Straßenbild vieler Orte im Saarland, das heute bundesweit die höchste Eigenheimdichte hat, prägten.

In Riegelsberg entstanden ab 1855 die ersten Prämienhäuser. Nicht weit vom ehemaligen Waisenhaus (Waisenhausstraße 1) kann man ein kleines, eingeschossiges Prämienhaus der ersten Phase (Buchschacher Straße 50) begutachten. Sie mussten mindestens über 32 Quadratmeter Wohnfläche und drei Zimmer mit Küche verfügen.

In der Invalidenstraße steht ein größeres Haus aus der zweiten Phase ab 1870; und etwas weiter zwei Häuser aus der dritten Phase ab 1890 (Buchschacher Straße 21a und 29). In beiden Phasen wurden die Fensterrahmen mit Schmuckelementen versehen und die Außenwände mit glasierten Kacheln und verschiedenfarbigen Ziegeln verblendet. Charakteristisch für die dritte Phase ist die Verlegung des Eingangs zur Giebelseite.

Die Prämienhäuser und einiges mehr kann man auf dem zweistündigen Wanderweg »Rund ums Rathaus« erkunden. Startpunkt: Infotafel vor dem Rathaus.

Adresse Rathaus: Saarbrücker Straße 31, 66292 Riegelsberg | ÖPNV Saarbahn S1, Haltestelle Rathaus | Anfahrt A1, Ausfahrt Saarbrücken-Neuhaus/Riegelsberg-Süd oder Ausfahrt Riegelsberg | Öffnungszeiten außen ganzjährig, Flyer Wanderweg auf www.riegelsberg.eu | Tipp Vor dem Haus Invalidenstraße 1 weisen drei Stolpersteine auf die früheren jüdischen Bewohner Adele, Erich und Paul Gross hin. Alle drei überlebten, auch dank der Hilfe ihrer Nachbarn.

59 Die Gedenkstätte »Neue Bremm«

»Lagersport« am »Löschweiher«

Außer den alten Fundamenten der Holzbaracken und dem Becken des Löschweihers erinnert nur wenig daran, dass sich an der Metzer Straße ein Ort des Grauens befand. Ab 1940 stand hier ein Lager, in dem französische und russische Kriegsgefangene interniert wurden. Im Frühjahr 1943 suchte die Gestapo einen Ausweichplatz für ihr überfülltes Gefängnis im Saarbrücker Schloss. Sie übernahm das Lager und funktionierte es zu einem »erweiterten Polizeigefängnis« um. Die Männer mussten als Zwangsarbeiter in Außenkommandos schuften, die Frauen in der Werkstatt alte Uniformen auftrennen und Waschmittelpackungen leimen. Später diente das »Polizeigefängnis« als Durchgangslager für die KZs Buchenwald, Dachau und Sachsenhausen.

Die Haftbedingungen waren erbärmlich. Auf der winzigen Fläche hielten sich bis zu 800 Häftlinge auf. Hygiene war ein Fremdwort, statt einer Toilette stand in jeder Baracke ein Eimer. Die Nahrungsrationen waren so karg, dass die Inhaftierten bis zu 30 Kilogramm ihres Gewichts verloren. Bei geringsten Vergehen wurden sie von den Aufsehern über einen Tisch gelegt und so lange mit Stöcken geschlagen, bis Blut floss. Der schlimmste Ort war der »Löschweiher« im Männerlager. Angetrieben vom prügelnden Wachpersonal mussten die Häftlinge stundenlang um ihn herumlaufen, auf dem Bauch robben oder im »Entengang« gehen. Diese Foltermethoden, von den Aufsehern höhnisch als »Lagersport« bezeichnet, endeten nicht selten mit dem Tod der Gepeinigten.

Nach dem Krieg verschwanden die Baracken. In den 1970er Jahren entstand auf dem Areal des Frauenlagers ein Hotel. Erst Ende der 90er Jahre wurde die Gedenkstätte wiederentdeckt und bis 2004 in ihre heutige Form gebracht. Sie konfrontiert die Besucher mit dem besonderen Charakter des Ortes: gestern Lager, heute Hotel – eine »Durchgangsstation« mit extrem unterschiedlichen Vorzeichen.

Adresse Zinzinger Straße, 66117 Saarbrücken | ÖPNV Bus 123, Haltestelle Neue Bremm | Anfahrt A6, Ausfahrt Goldene Bremm, Metzer Straße Richtung Frankreich, links ab zum Ziel | Öffnungszeiten ganzjährig; Führungen: Tel. 06897/7908193 | Tipp In der Nähe liegt die Wohnsiedlung Folsterhöhe (Königsbruch 1). An einem Hochhaus prangt das über 40 Meter hohe Graffito eines Bergsteigers, eine Reaktion auf die Spiegel-TV-Doku »Saarbrooklyn«, in der die Folsterhöhe sehr negativ dargestellt wurde.

60__Der historische Tennisplatz

Ballsport auf unterirdischem Niveau

Man erwartet so einiges, wenn man metertief in die Unterwelt des Saarbrücker Schlosses hinabsteigt, aber sicherlich keinen Tennisplatz. Okay, man muss ein wenig Phantasie mitbringen, um ihn als solchen wahrzunehmen, aber im früheren Burggraben liegt tatsächlich ein 20 Meter langes Feld mit Steinplatten, die früher ebenfalls an der Wand daneben angebracht waren, sodass man den Ball wie beim Squash über Bande spielen konnte. Die über zwei Meter hohen Aussparungen im Mauerwerk kann man noch erkennen.

Der Raum, der das Feld heute umschließt, existierte früher nicht. Etwa an der Stelle, an der die Mauer unter der Stahltreppe beginnt, war früher ein Seil gespannt. Darüber hinweg spielten die Schlossbewohner das »Königsballenspiel«, einen Vorläufer des Tennis. Den Ball schlug man mit der Hand oder einem Schläger – seit der Mitte des 16. Jahrhunderts ein beliebter Zeitvertreib unter Adeligen. Und so ließ Graf Ludwig II. um 1610 an dieser Stelle ein sogenanntes Ballhaus errichten, wo seine Söhne in dem königlichen Spiel ausgebildet wurden. Dies belegt eine Rechnung von Ballhausmeister Jean Tacion, dem Tennislehrer der Grafenjungs. Das Feld wird von einem Weg eingefasst, der ebenfalls aus dieser Zeit stammt. Die Mauer, die den Platz heute in zwei Hälften teilt, gehörte zu einem Verlies, das später errichtet wurde.

Warum aber befindet sich der Platz im Burggraben? Das Renaissanceschloss war gegen Angriffe aus Süden nur sehr schwer zu verteidigen, weshalb es ausschließlich zur Repräsentation konzipiert wurde. Ein Burggraben war nicht mehr nötig, und so war Platz für das Tennisfeld.

Ein so altes Feld in so gut erhaltenem Zustand gibt es selten. Das in Saarbrücken ist vermutlich das älteste Deutschlands, und gäbe es im schottischen Falkland Palace nicht ein noch älteres, wäre es vielleicht sogar das älteste einigermaßen intakte Spielfeld dieser Art weltweit.

Adresse Schlossplatz 15, 66119 Saarbrücken | ÖPNV Bus 105/108, Haltestelle Schlossplatz | Anfahrt A620, Ausfahrt Bismarckbrücke, halb rechts auf Franz-Josef-Röder-Straße, Parkplätze an der Talstraße | Öffnungszeiten Di–So 10–18 Uhr, Mi 10–20 Uhr, Führungen: Tel. 0681/5064506 | Tipp Im Obergeschoss des Museums befindet sich eine Ausstellung zum Nationalsozialismus und eine Zelle des ehemaligen Gestapo-Gefängnisses.

61 Die Hochschule der Bildenden Künste

Alte und neue Kunst am Ludwigsplatz

Gegenüber der Ludwigskirche an der Keplerstraße steht ein imposanter Barockbau: die Hochschule der Bildenden Künste (HBK). Er erzählt eine lange, wechselvolle Geschichte.

Ursprünglich wollte Baumeister Stengel an den Stirnseiten des Ludwigsplatzes zwei große Gebäude errichten. Am westlichen Ende das Palais Lüder (ab 1763), von dem ein Teil das »Waisen-, Armen- und Zuchthaus«, der andere das Ludwigsgymnasium beherbergen sollte. Schon während der Bauzeit wich Stengel von dem Plan ab. Er durchbrach das Gebäude an der Ostseite und ließ nur die Westseite, die heutige HBK, unversehrt. Den französischen Revolutionstruppen diente das Gebäude als Militärlazarett, im 19. Jahrhundert den Dragonern als Kaserne. Ende der 1920er Jahre zog das Konservatoramt ein, 1936 das Ludwigsgymnasium, bis 1944 ein Bombenangriff den Platz mit allen Gebäuden in Schutt und Asche legte. Nach dem Krieg wurden sie wiederaufgebaut, auch das alte Waisenhaus, mit der originalen Fassade, aber verändertem Innenleben. Mitte der 1950er Jahre zog die Comenius-Hochschule ein, der Name Comeniushaus hat sich gehalten. Bis 1983 war die Oberstufe des Ludwigsgymnasiums darin untergebracht, danach wurde es zum Sitz der HBK, der einzigen Kunsthochschule des Landes (Gründung 1989).

Im Hauptgebäude und den Pavillons dahinter sind die Verwaltung, Seminarräume, Bibliothek, das Archiv, Werkstätten und eine Cafeteria untergebracht. Das ehemalige Schulgebäude daneben beherbergt Atelierräume, diverse Studios und die Galerie der HBK mit der »Medienfassade«, einem Ort für audiovisuelle Experimente. Hier kann man sich davon überzeugen, dass die HBK eines der wichtigsten Kreativzentren der Region ist. Ein Beispiel: Studierende der HBK haben im Frühjahr 2021 in Saarlouis mehrere Trafostationen in Kunstwerke verwandelt – allerdings nicht im Stengel-Style.

Adresse Keplerstraße 3–5, 66117 Saarbrücken | **ÖPNV** Bus 108/125, Haltestelle Hansahaus/Ludwigskirche | **Anfahrt** A620, Ausfahrt Wilhelm-Heinrich-Brücke, Richtung City, rechts auf Stengel-, dann links auf Keplerstraße | **Öffnungszeiten** Galerie: Di–Fr 17–20 Uhr, Sa 12–18 Uhr oder nach Absprache (Tel. 0681/92652143) | **Tipp** Das »Palais Röder« (Am Ludwigsplatz 16/17). Der Wiederaufbau des alten Schul- und Pfarrhauses unter Ministerpräsident Röder schloss 1976 die letzte Baulücke des Stengel-Ensembles.

62__Die Notkirche am 40er Grab

Gottesdienste in heimeliger Atmosphäre

Viele Autofahrer am Kreisverkehr auf der Spichererbergstraße in Saarbrücken fragen sich vermutlich: »Was ist dieses seltsame Gebäude, das aussieht wie die Kreuzung aus einer Kirche und einer alten Holzbaracke?« Die Antwort: Es *ist* die Kreuzung aus einer Kirche und einer alten Holzbaracke, auch bekannt als die »Notkirche am 40er Grab« der evangelischen Gemeinde Alt-Saarbrücken. Sie ist eine der wenigen erhaltenen Notkirchen Deutschlands und die einzige aus Holz, die noch in Gebrauch ist. Doch was ist eine Notkirche? Und was das 40er Grab?

Das 40er Grab befindet sich links vor dem Eingang der Kirche. An dieser Stelle haben am 2. August 1870 französische Soldaten drei gefallene Soldaten des 40. Hohenzollerschen Füsilierregiments Trier bestattet. Das Grab soll an diese ungewöhnliche Tat erinnern.

Der Begriff Notkirche bezieht sich im engeren Sinne auf ein Bauprogramm der evangelischen Kirche nach dem Zweiten Weltkrieg, das den Mangel an intakten Kirchen durch kostengünstige Behelfsräume beseitigen sollte. 1946 erhielt die evangelische Gemeinde Alt-Saarbrücken, als Geschenk der amerikanisch-lutherischen Kirche, eine ausgediente Militärbaracke, die zur Notkirche umfunktioniert wurde. Sechs Jahre später wurde der Dachreiter aufgesetzt, der die knapp 50 Kilo schwere Glocke trägt. Sie wurde aus vielen einzelnen Bronzespenden der Gemeindemitglieder gegossen.

Im Innern der Kirche bietet sich ein ungewohntes Bild: Blau gepolsterte Stühle sind locker um schnörkellose Holztische gruppiert. Gäbe es nicht den Altar und die eindrucksvollen Evangelisten-Fenster von György Lehoczky, könnte man meinen, man säße an einem gemütlichen Tagungsort. Die Notkirche fungiert gleichzeitig als Gemeindesaal, und niemand in der Gemeinde möchte einen anderen. Nicht alles, was aus der Not geboren wurde, ist eine Notlösung.

Adresse Spichererbergstraße 81, 66119 Saarbrücken | **ÖPNV** Bus 121, Haltestelle 40er Grab | **Anfahrt** A620, Ausfahrt Wilh.-Heinr.-Brücke, von Metzer Straße links in Lerchesflurweg, bis Kreisverkehr | **Öffnungszeiten** auf Anfrage im Gemeindebüro unter Tel. 0681/52524 oder alt-saarbruecken@ekir.de; vor und nach dem Gottesdienst, am 1. und 3. Sonntag im Monat 11 Uhr | **Tipp** In der Nähe befindet sich die Deutschherrenkapelle (Moltkestraße 40), das älteste erhaltene Gebäude in Saarbrücken.

63 Das »Schmale Handtuch«

Der Wiederaufbau und das »mouvement moderne«

Man sollte das Gebäude von der Saarbrücker Westspange aus gesehen haben, um zu verstehen, warum es den Spitznamen »Schmales Handtuch« trägt. Seine Breite steht in einem ungewöhnlichen Verhältnis zu seiner imposanten Länge. Das Gebäude, Anfang der 1950er Jahre erbaut, beherbergte die französische Botschaft. 1960 zog das saarländische Kultusministerium ein. Seit dieses 2014 in die Alte Hauptpost abgewandert ist, steht das Gebäude leer. Stand 2021: Die Kosten der Renovierung würden bis zu 55 Millionen Euro betragen. Sollte man nach der Prüfung durch den Landesrechnungshof eine Finanzierungsmöglichkeit sehen, liegt das letzte Wort beim Ministerrat.

Das »Schmale Handtuch« ist ein typischer Bau der Saarbrücker Nachkriegszeit. Die französische Verwaltung verfolgte beim Wiederaufbau auch ein politisches Ziel: Entnazifizierung durch neue Architektur. Zu diesem Zweck wurde ein Stab von Städteplanern zusammengestellt, unter ihnen der französische Architekt Georges-Henri Pingusson (1894–1978), ein überzeugter Anhänger des *mouvement moderne*, einer von Le Corbusier geprägten Kunstströmung der 1920er und 30er Jahre. Le Corbusier sah die Aufgabe des Architekten in zweckmäßigen und funktionalen Entwürfen, die mit Hilfe modernster Materialien realisiert wurden: Beton, Stahl, Fertigteile. Dies prägte sämtliche Gebäude, die im Saarland der Nachkriegszeit entstehen sollten. Doch Pingussons Pläne für den Wiederaufbau lösten sich schon bald in Luft auf. Ende 1947 wird eine saarländische Landesregierung gewählt. Die französische Militärverwaltung und die Abteilung Wiederaufbau müssen gehen.

Von den Entwürfen der »Modernisten« haben nur wenige das Licht der Welt erblickt. Zwei Häuser in den Bruchwiesen, das heutige Deutsch-Französische Gymnasium, der Sitz des Landtags und die Gedenkstätte Neue Bremm. Das bekannteste Gebäude aus dieser Zeit ist und bleibt aber das Schmale Handtuch.

Adresse Hohenzollernstraße 60, 66117 Saarbrücken | ÖPNV Bus R10/102/105, Haltestelle Gutenbergstraße, 5 Minuten Fußweg | Anfahrt Von der A1 über die Westspange, dort rechte Fahrspur (nicht zur Autobahn!) unter der Auffahrt zur Westspange links ab oder A620, Ausfahrt Wilh.-Heinr.-Brücke, über Stengelstraße | Öffnungszeiten außen ganzjährig | Tipp Der Bürgerpark jenseits der Westspange (ganzjährig geöffnet).

64_Die Villa Obenauer

Avantgardistische Architektur am Hang

Am steilen Trillerweg in Saarbrücken reiht sich eine imposante Villa an die nächste. Doch selbst in dieser Ansammlung stattlicher Wohnhäuser sticht ein Gebäude architektonisch hervor: die Villa Obenauer.

Gustav Obenauer war ein wohlhabender Saarbrücker Lebensmittelhändler. Auf der Gartenbauausstellung 1904 in Düsseldorf lernt er Peter Behrens kennen, einen der wichtigsten deutschen Designer des 20. Jahrhunderts. Behrens hatte sich 1890 der Jugendstil-Bewegung angeschlossen und wurde 1899 an die Darmstädter Künstlerkolonie Mathildenhöhe berufen. Dort versuchte er sich als Architekt und baute sein eigenes Wohnhaus. Das revolutionäre Gebäude machte Behrens bekannt. 1906 gewann ihn die AEG als künstlerischen Berater. Behrens geriet in einen wahren Schaffensrausch, entwarf Fabrikgebäude, Haushaltsgeräte und das Layout für Kataloge und Werbematerialen. Zum ersten Mal erhielt eine Firma ein einheitliches Erscheinungsbild, eine *Corporate Identity*.

Gustav Obenauer hat mithin keinen Unbekannten im Auge, als er Behrens mit dem Entwurf seines Privathauses betraut. Im Sommer 1907 sind die Bauarbeiten abgeschlossen, und Obenauer kann fortan einen architektonischen Meilenstein sein Eigen nennen. In einer maßgeblich vom Jugendstil geprägten Zeit stellen die kubischen Formen und die geometrische Gliederung seines Neubaus einen Vorgriff auf das Weimarer Bauhaus dar.

1940 veräußert Obenauer die Villa. Nach dem Krieg wird sie als Jugendheim genutzt, ab 1962 Sitz der Bundesvermögensverwaltung. Umbauten und eine mangelhafte Wartung beschädigen die Bausubstanz. Im Jahr 2000 verlässt die Bundesvermögensverwaltung das Gebäude, doch weder Bund noch Land sind am Kauf interessiert. Kurz darauf gelangt die Villa in Privatbesitz und wird aufwendig saniert. Rechtzeitig zum 100. Geburtstag ist alles fertig. Ob die Sanierung auch im Sinne Behrens' war, darüber wird bis heute gestritten.

Adresse Trillerweg 58, 66117 Saarbrücken | ÖPNV Bus 105, Haltestelle Spichererbergstraße | Anfahrt A620, Ausfahrt Wilh.-Heinr.-Brücke, über Stengel- und Eisenbahnstraße rechts auf die Vorstadtstraße, Erste links | Öffnungszeiten außen ganzjährig | Tipp Neben der Villa steht ein schmiedeeisernes Tor, das letzte Relikt des ehemaligen »Röchling-Parks«, der inzwischen einem Bebauungsprojekt weichen musste.

65__Die alte Einsegnungshalle

Sepukralmuseum im »Spatzehäusje«

Mit über zehn Hektar gehört der Dudweiler Friedhof zu den größten Begräbnisplätzen der Landeshauptstadt. Er wurde 1901 eröffnet. Wenige Jahre später entstanden das Eingangsportal und die alte Einsegnungshalle, die früher auch »Spatzehäusje« genannt wurde. Beide Bauten wurden 1987 unter Denkmalschutz gestellt.

Die alte Einsegnungshalle ist ein eingeschossiger Fachwerkbau, der mit Backsteinen ausgemauert wurde. Weil sie nicht mehr ausreichend Platz für die Trauerfeiern bot, entschloss man sich Anfang der 1960er Jahre zu einem Neubau (die Betonfenster wurden von dem Saarbrücker Bildhauer Emil Probst gestaltet). Die Restaurierung der alten Halle wurde Ende 2002 abgeschlossen. Heute befinden sich zwei interessante Räume darin: ein Kolumbarium, also eine Urnenkammer, und ein Sepulkralmuseum, auf das ein Schild an der Vorderseite des Gebäudes hindeutet.

Doch was verbirgt sich hinter diesem seltsamen Begriff? Er leitet sich von »sepulcrum«, dem lateinischen Wort für das Grab und die Grabespflege, ab. Sepulkralkultur bezeichnet mithin die Trauer- und Bestattungskultur. Das kleine Museum versammelt zahlreiche Exponate, die von zerfallenen oder abgeräumten Gräbern gerettet wurden. Es wird allerdings nur geöffnet, wenn man vorher bei der Friedhofsverwaltung anruft. Doch der Anruf lohnt. Die Ausstellungsstücke sind sehenswert: Kruzifixe, alte Grabtafeln, verzierte Holzkreuze, eine Madonna und ein schlafendes Kind aus Marmor, aber auch ein über 150 Jahre alter sitzender Engel … allesamt handwerklich meisterhaft.

Für diejenigen Besucher, die nicht gern telefonieren, oder falls der Friedhofsleiter mal nicht rangeht: Die meisten Exponate kann man auch ganz gut durchs Fenster sehen.

Und noch ein Tipp: Ein Gang über den Friedhof führt zu einigen beachtenswerten historischen Grabmalen, die wie das Eingangsportal in den letzten Jahren restauriert wurden.

Adresse Neuweiler Straße 56, 66125 Dudweiler | ÖPNV Bus 133, Haltestelle Friedhof | Anfahrt A623, Ausfahrt Saarbrücken-Herrensohr, in Dudweiler von der Sulzbachtalstraße rechts in die St. Ingberter Straße, Erste links | Öffnungszeiten Friedhof ganzjährig 8–17 Uhr; Museum: nach vorherigem Anruf bei der Friedhofsleitung (Tel. 06897/99723) | Tipp An der Halle steht der Grabstein von Liesbet Dill. Die Schriftstellerin ist im »Nassauer Hof«, dem ehemaligen fürstlichen Jagdhaus, aufgewachsen (Saarbrücker Straße 267).

66 Die Burg Schönewolf

Ritterliches Anwesen Marke Eigenbau

Wer möchte nicht sein eigener Burgherr sein? Und wenn man keine Burg geerbt hat, dann muss man halt selbst ran. Dachte sich auch Heinz Schönewolf. Und so baute sich der gelernte Maurer, über einen Zeitraum von mehr als 40 Jahren, eine Ritterburg. Hinter seinem Haus in Dudweiler.

Schönewolf hat solche Anwesen quasi mit der Muttermilch aufgesogen. Er ist im hessischen Felsberg aufgewachsen, am Fuße einer Burg. Und dann hat ihn offenbar das Heimweh gepackt, im Jahr 1975. Schönewolf wollte sich eigentlich nur eine Garage bauen, und weil er dafür den Hang hinter seinem Haus mit einer hohen Betonwand sichern musste, überlegte er sich, aus der Not eine ritterliche Tugend zu machen. Denn die triste Schutzmauer gefiel dem Maurer nicht. Warum, statt auf grauen Beton, nicht auf etwas Schönes schauen?

Und so machte er sich mit seiner Frau an die Arbeit. Tausende von Granitsteinen wurden herangeschafft, über 300 Tonnen Zement verbaut, die begehbare Burg mit ihren vier Zimmern und den zwei Türmen wuchs auf über 15 Meter Höhe und die gleiche Breite an: quadratisch, praktisch, Burg! Nicht ganz originalgetreu gibt es auch einen Stromanschluss. Ein bisschen neuzeitlicher Komfort muss eben sein. Beanstandungen von behördlicher Seite gab es nie, vielleicht war das Projekt auch etwas ungewohnt, Pläne von Burgen liegen sicher nicht täglich auf den Schreibtischen des Bauamts.

2019 sollte der zweite Turm fertig werden, danach wollte Schönewolf ein großes Burgfest feiern. Doch dazu sollte es leider nicht mehr kommen. Heinz Schönewolf ist am 11. September 2019 verstorben und die Zukunft dieser einmaligen Sehenswürdigkeit ungewiss. Aber sie sollte unbedingt erhalten bleiben. Auch wenn man sie zurzeit nur von außen sehen kann: Hinter den Einfamilienhäusern wirkt sie wie aus einem Märchen der Gebrüder Grimm. Und auch der Straßenname ist perfekt: Die Burg steht am Hofweg.

Adresse Hofweg 152, 66125 Dudweiler | ÖPNV Bus 102, Haltestelle Gartenstraße, 5 Minuten Fußweg | Anfahrt A620, Ausfahrt Saarbrücken-Herrensohr oder Ausfahrt Sulzbach, in Dudweiler über Sulzbachtalstraße, Theodor-Storm-Straße und Alter Stadtweg | Öffnungszeiten außen ganzjährig | Tipp Fünf Minuten mit dem Auto entfernt liegt die Universität des Saarlandes, die ursprünglich eine Kaserne war und inzwischen mehrfach erweitert wurde. Ein Gang über das Gelände bietet einen interessanten Architektur-Mix.

67 De Monn mit da long Stong

Ein Denkmal für den Dialekt

Der Saarländer an sich liebt seinen Dialekt, wobei es *den* saarländischen Dialekt gar nicht gibt. Die einzelnen Mundarten unterscheiden sich von Ost nach West, von Nord nach Süd und sogar von Dorf zu Dorf. Das liegt auch daran, dass mitten durch das Saarland eine Sprachgrenze verläuft, die »das-dat-Linie«. Sie trennt die moselfränkischen (»dat«) von den rheinfränkischen (»das«) Mundarten und verläuft grob vom Südwesten Richtung Nordosten des Landes.

Dudweiler gehört eindeutig zum rheinfränkischen Teil. Dort hat man sich so heftig in den – im doppelten Sinne – *eigenen* Dialekt verliebt, dass man ihm ein Denkmal gesetzt hat: »De Monn mit da long Stong«, eine Skulptur des Kesselschmieds Zoltan Hencze, die 1989 auf dem Alten Markt in Dudweiler aufgestellt wurde.

Wer aber ist »Der Mann mit der langen Stange«? Bis in die 50er Jahre des 20. Jahrhunderts wurden die Dudweiler Straßen mit Gaslaternen beleuchtet. Dafür brauchte es Anzünder, die extra für diese Tätigkeit von der Gemeinde angestellt wurden. Sie gingen jeden Abend mit einer langen Stange von Laterne zu Laterne. Mit Hilfe eines Widerhakens am oberen Ende der Stange öffneten sie die Gasleitung und zündeten so die Flamme. Und so hieß es für die Laternen am Dudweiler Bahnhof folgerichtig: »De Monn mit da long Stong machd om Bohnhoof die Lombe oon.«

Die Skulptur am Markt, die anfangs nur aus dem Mann mit der Stange und der Laterne bestand, wurde nach einem Jahr durch zwei spielende Kinder ergänzt. Der Grund war folgender: Wenn der Gaslaternenanzünder seiner Arbeit nachging, liefen oft die Kinder aus der jeweiligen Straße neben ihm her. Wenn er auftauchte, wussten die Kinder, dass es an der Zeit war, nach Hause zu gehen.

Der Gaslaternenanzünder gehört heute zur großen Familie der ausgestorbenen Berufe. Auch für die Laterne von Henczes Kunstwerk wird er nicht mehr benötigt. Sie wird mit Strom betrieben.

Adresse Alter Markt/Saarbrücker Straße, 66125 Dudweiler | ÖPNV DB, Haltestelle Dudweiler; Bus 102, Haltestelle Markt | Anfahrt A623, Ausfahrt Saarbrücken-Herrensohr, Richtung Dudweiler, Parkplätze rund um den Markt | Öffnungszeiten ganzjährig | Tipp Die Villa Micka (Saarbrücker Straße 192), die der Bauunternehmer Heinrich Micka 1906–1912 errichten ließ, war 2013 Location für einen SR-»Tatort«.

68__Die Zivilschutzanlage

Atombunker unter der Autobahn

Der unauffällige Eingang lässt nicht ansatzweise erahnen, dass sich dahinter etwas Hochinteressantes befindet. Eine Treppe führt 15 Meter tief unter die Erde, dann gelangt man durch eine massive Feuerschutztür in die gigantische Zivilschutzanlage, ein Produkt des Kalten Krieges, erbaut zwischen 1964 und 1972.

Zunächst geht es durch die Dekontaminationsschleuse, durch die alle Schutzsuchenden gemusst hätten. Rund 1.800 Menschen hätten hier im Falle eines atomaren Angriffs bis zu 28 Tage lang überleben können. Theoretisch. Die Belüftungsanlage hätte wohl nur wenige Stunden lang funktioniert.

Ziemlich kühl ist es in dem Bunker, der sechs tunnelartige Kavernen aufweist. Mit ihren symmetrisch angeordneten Stuhlreihen vermitteln sie eine Atmosphäre wie im Wartebereich eines besonders ungemütlichen Meldeamts. Zudem hätten die vorhandenen Feldbetten nicht ausgereicht und die Menschen nur im Wechsel liegen oder sitzen können. Ansonsten ist für alles gesorgt: Dieselgeneratoren, Küche, Sanitärbereiche mit großen Waschbeckenreihen und über 40 Toiletten, aber ohne Spülung. Nur der Bunkerwart in der externen Zentrale hätte entscheiden dürfen, wann mit dem kostbaren Wasser gespült wird. Für den Fall, dass die Dieselgeneratoren versagen, hat man die Türen und Gänge mit phosphoreszierenden Streifen versehen, die im Dunkeln leuchten.

Um die beeindruckende Anlage der Öffentlichkeit zugänglich zu machen, hat der Verleger Florian Brunner den Verein »Unterirdisches Saarland« gegründet und sie mit seinen Kollegen in ein Museum umgewandelt. Fast alles ist im Originalzustand, ergänzt durch ein paar Exponate. Seit der Verein vor einigen Jahren ein Sondernutzungsrecht bekommen hat, wurde viel Herzblut und Geld investiert. Für Brunner eine Investition, die sich gelohnt hat, denn der Bau sei ein Teil unserer Geschichte. Und die Geschichte des Güdinger Bunkers dürfte vielen noch unbekannt sein.

Adresse Hochstraße, 66130 Saarbrücken | ÖPNV Bus 126, Haltestelle Bühler Straße | Anfahrt A620, Ausfahrt Saarbrücken-Güdingen, am Globus geradeaus über den Kreisel, dann rechts, links, rechts | Öffnungszeiten aktuelle Zeiten auf der Homepage beachten: www.unterirdisches-saarbruecken.de | Tipp In Güdingen gibt es auch überirdisch eine große, sehenswerte Anlage: die Pferderennbahn (Großblittersdorfer Straße 329).

69 Der Halberg-Rundweg

Zwei Jahrtausende in zwei Stunden

Mitarbeiter des Saarländischen Rundfunks sagen, sie »schaffen beim SR« oder »uffem Halbersch«. Der Halberg ist ein Synonym für den SR, und so hat der Sender zu seinem 60. Geburtstag im Jahr 2017 den Halberg-Rundweg neu konzipiert und gestaltet. Startpunkt ist der Parkplatz vor dem Eingang zum Sendergelände, links neben der Bushaltestelle. An 19 Informationstafeln (mit QR-Code) entlang verläuft der Weg und führt die Wanderer auf eine Zeitreise mit Zeugnissen aus zwei Jahrtausenden.

Den chronologischen Anfang macht die Mithras-Grotte. Die Römer, die am Fuße des Halbergs siedelten, beteten in der natürlichen Höhle eine ursprünglich persische Gottheit an, eben jenen Mithras. Der Ort war mithin multikulturell, aber monosexuell, nämlich Männern vorbehalten. Dem Zeitalter des Barocks sind mehrere Orte zuzuordnen: der Weinberg, den Fürst Wilhelm Heinrich in 1760er Jahren am Südhang des Halbergs anlegen ließ, der aber aufgrund mangelnder Erträge und Weinqualität aufgegeben wurde. Die »Hirschwiese«, die als Futterplatz für das Damwild des fürstlichen Schlosses fungierte. Der Halbergweiher, der zu den Parkanlagen gehörte, und nicht zuletzt der Obelisk, unter dem Fürst Heinrich Ludwig (gestorben 1797) seine letzte Ruhestätte fand.

Zahlreiche Orte beziehen sich auf den Namen Stumm, und damit sind wir im 19. und 20. Jahrhundert. Die Stummsche Kirche (1882), der Friedhof der Familie mit dem Grab des Patriarchen Carl Ferdinand (gestorben 1901), der Storchenweiher mit dem künstlichen Wasserfall, die Stummstraße mit den drei Doppelhäusern (1908), die zur Siedlung für Hüttenangestellte gehörten, und das neogotische Schloss Halberg mitsamt Wirtschaftsgebäuden (1877–80).

Ebenfalls aus dem 20. Jahrhundert stammen, neben den Sendergebäuden, ein Westwall-Bunker der Halberg-Stellung und der denkmalgeschützte »Bus-Pilz« (1967) am Start- und Endpunkt des etwa zweistündigen Weges.

Adresse Franz-Mai-Straße, 66121 Saarbrücken | ÖPNV Bus 122/161, Haltestelle Funkhaus Halberg | Anfahrt A620, Ausfahrt Saarbrücken/St. Arnual. Im Kreisel Richtung Großmarkt. Auf rechter Spur in Mainzer Straße. Nach circa 1,5 Kilometern rechts, der SR ist ausgeschildert. | Öffnungszeiten ganzjährig, auf www.sr.de findet man eine Karte des Rundwegs | Tipp Eine Sender-Führung beim Saarländischen Rundfunk, Termine unter Tel. 0681/6022048.

70__Das Ausbildungsbergwerk

»Glückauf« im ehemaligen Lehrstollen

Der 30. Juni 2012 bedeutet das Ende des Bergbaus im Saarland und eine Zäsur für die Bergleute. Positive Ironie der Geschichte: Im selben Jahr durfte der im Jahr zuvor gegründete Verein »Erlebnisbergwerk Velsen« zum ersten Mal Besucher durch »sein« Bergwerk führen – über 40.000 waren es seitdem.

Doch erst einmal zurück zu den Anfängen. In Klarenthal wurde Ende des 19. Jahrhunderts ein Schacht für ein neues Bergwerk abgeteuft, das später nach dem damaligen Leiter der Saarbrücker Bergwerksdirektion, Gustav von Velsen, benannt wurde. Etwa zur gleichen Zeit gruben Einheimische Kartoffelkeller in den darüberliegenden Sandstein, die man im Zweiten Weltkrieg zu Luftschutzstollen erweiterte: der Grundstein des heutigen Bergwerks. Als nach dem Krieg der Bedarf an Kohle und damit auch an Bergleuten stieg, baute man den Luftschutzstollen zum Ausbildungsstollen um. Der Abbau unter Tage wurde detailgenau nachgebildet, und so konnten sich die jungen Bergleute perfekt auf ihren späteren Job vorbereiten. Bis 2011. Da wäre das Bergwerk um ein Haar verfüllt worden, hätten es die Vereinsmitglieder nicht verhindert.

Und so kann man bis heute diesen einzigartigen Ort besichtigen. Glücklicherweise. Denn in ganz Europa findet man kein zweites Besucherbergwerk mit einem kompletten und funktionstüchtigen Maschinenpark, der auch noch vorgeführt wird. Neben vielen Informationen bekommt man zudem das volle Fahrprogramm: von der Fahrt im Untertagezug über die Schachtseilfahrt bis zur Bandseilfahrt auf einem Förderband. Aber Achtung: Das Bergwerk ist kein Museum! Es gilt Bergrecht und damit auch Helmpflicht!

Auch interessant: die »Knubbebud« neben dem Stolleneingang. Die Bergleute nannten Überstunden Knubbe. Den dafür ausgestellten Knubbeschein konnte man in der »Kaffeekisch« gegen eine »Bergmannsportion« (Lyoner, Weck, Senf) einlösen. Die kriegt man auf Wunsch auch nach der Führung. Glückauf!

Adresse Alte Grube Velsen 7, 66127 Saarbrücken | **ÖPNV** Bus 167, Haltestelle Velsen/Rosseler Straße, 10 Minuten Fußweg | **Anfahrt** A620, Ausfahrt Klarenthal, auf Kokerei- und Warndstraße, links ab dem Schild folgen | **Öffnungszeiten** barrierefreie Führungen: Sa 14 Uhr, jeden ersten Sonntag im Monat 10–12 Uhr; Info: an Arbeitstagen 9–18 Uhr unter Tel. 0176/56586013 oder auf www.erlebnisbergwerkvelsen.de | **Tipp** Am Eingang zum Gelände steht der »Saar-Diamant«, ein riesiger Kohleblock aus der Grube Velsen.

71 Die Freundschaftsbrücke

Deutsch-französische Geschichte komprimiert

Das Saarland ist das Land der Freundschaftsbrücken. Es gibt sie in Großrosseln, Fürweiler und Habkirchen. Die Mutter aller Freundschaftsbrücken aber befindet sich in Kleinblittersdorf, besser gesagt: zwischen Kleinblittersdorf und dem lothringischen Großbliederstroff. Sie ist ein Symbol für den deutsch-französischen Freundschaftsvertrag, den Adenauer und de Gaulle im Januar 1963 unterzeichneten. 1964 wurde die Brücke eröffnet. Ihre Geschichte ist ein Spiegelbild der wechselvollen Geschichte der beiden Nachbargemeinden. Jahrhundertelang konnte man die Saar an dieser Stelle nur über eine Furt oder mit einer Fähre überqueren. Doch Ende des 19. Jahrhunderts kommt es zu einer Zäsur: Viele Menschen, die auf der linken Saarseite im damals deutschen Lothringen wohnen, finden Arbeit in der Brebacher Hütte, was eine weitere Saarquerung erforderlich macht.

1881 wird die erste Brücke für Fußgänger und Fuhrwerke freigegeben. Sie übersteht den Ersten Weltkrieg, zu Beginn des Zweiten Weltkrieg wird sie von der Wehrmacht gesprengt. Damit soll den Franzosen die Überquerung der Saar erschwert werden. Ironie der Geschichte: Ein halbes Jahr später, mit dem Beginn des Feldzugs gegen Frankreich, errichten deutsche Soldaten an derselben Stelle eine Holzbrücke, die wiederum 1944 von den Alliierten zerstört wird. Die Brücke von 1964 bildet den vorläufigen Schlusspunkt dieser aufreibenden deutsch-französischen Brückenchronik. Dass auch sie Anfang 1990 weichen muss, hat aber friedliche Gründe: Die Instandhaltung wird immer kostspieliger, und die beiden Gemeinden wollen eine Brücke, die nur noch Fußgänger und Zweiradfahrer nutzen dürfen. Die neue Freundschaftsbrücke wird 1993 eingeweiht und steht bis heute.

Übrigens: Wer mit der Saarbahn über Kleinblittersdorf nach Sarreguemines reist, tut etwas Außergewöhnliches: Er reist in der ersten grenzüberschreitenden S-Bahn Europas.

Adresse Brückenstraße, 66271 Kleinblittersdorf | ÖPNV Saarbahn S1, Haltestelle Kleinblittersdorf, kurzer Fußweg | Anfahrt A620, Ausfahrt Güdingen oder von Güdingen via Frankreich (N 61), Parkplatz Ende Brückenstraße | Tipp Der Wintringer Hof (Am Wintringer Hof 7), Werkstatt für Menschen mit Behinderung und Bioland-Hof, liegt etwas außerhalb des Ortes. Gleich daneben: die Wintringer Kapelle (2. Hälfte 15. Jahrhundert).

72 Das Forsthaus Neuhaus

Im Urwald vor den Toren der Stadt

Das Forsthaus Neuhaus, tief im Saarkohlewald zwischen Fischbach und Riegelsberg, kann auf eine lange Geschichte zurückblicken. Bereits im 12. Jahrhundert stand dort eine Burg der Grafen von Saarbrücken, im 16. Jahrhundert das Jagdschloss Philippsborn. In der Nähe ließ Fürst Wilhelm Heinrich 1756 ein Hofgut errichten, das »Neue Haus«. 1854 kam das Gut in den Besitz der damals preußischen Forstverwaltung, die bis 1991 Teile davon als Forsthaus nutzte. Seit jeher besaß der jeweilige Förster das Ausschankrecht, und so entstand das Ausflugslokal »Forsthaus Neuhaus«, heute ein reizvolles Restaurant mit lauschigem Biergarten.

Von der angrenzenden Scheune, in der sich das Waldzentrum des NABU befindet, kann man ein in Deutschland einmaliges Naturschutzgebiet erkunden: den »Urwald vor den Toren der Stadt«. Rund 1.000 Hektar des Walds werden hier bewusst sich selbst überlassen, auf forstwirtschaftliche Maßnahmen wird verzichtet. Umgefallene Bäume bleiben liegen, Wege wachsen langsam zu. Stück für Stück erobert sich die Natur ihr altes Terrain zurück, verschwundene Tier- und Pflanzenarten kommen wieder.

Wer den Urwald bei einer Führung oder auf eigene Faust durchquert, entdeckt viele interessante Orte, zum Beispiel den »Waschweiher« in der Nähe des Forsthauses, in dem die Bediensteten des einstigen Jagdschlosses die Wäsche wuschen. Oder das »Tal der Stille«, das seinen Namen völlig zu Recht trägt. Oder den Friedwald, in dem man seine letzte Ruhestätte zu Füßen eines Baumes finden kann. Er ist seit 2005 Teil des Urwalds und war bundesweit der erste Friedhof, der in ein Naturschutzgebiet integriert wurde. Zwischendurch kann man an den »Baumelstationen« seine geliehene oder mitgebrachte Hängematte befestigen und einfach mal abhängen. Ein wortwörtlich guter Weg, um das Gebiet zu erkunden, ist die »Urwaldtour«, die seit Mai 2012 offiziell ein Premiumwanderweg ist.

Adresse Forsthaus Neuhaus, 66115 Saarbrücken | ÖPNV Saarbahn S1, Haltestelle Heinrichshaus, 30–40 Minuten Fußweg, dem Symbol (grünes Haus mit weißem »S«) folgen | Anfahrt A1, Ausfahrt Riegelsberg, Richtung Fischbach, bis Einfahrt Forsthaus (beschildert) | Öffnungszeiten Waldzentrum: Di–Fr von 8–13 Uhr (Tel. 06806/102419); Restaurant: Di–Sa 11–15 und 18–22 Uhr, So 10–20 Uhr (Tel. 06806/9515300) | Tipp Einen knappen Kilometer entfernt, an der L260, liegt das denkmalgeschützte Forsthaus Wolfsgarten (um 1830).

73__Das Ludwigsparkstadion

Die alte und neue Kathedrale des Saar-Fußballs

Einige Fußballklubs, wie Schalke 04 oder der 1. FC Köln, machen es den Fans nicht leicht. Andere machen es ihnen richtig schwer. Zum Beispiel der 1. FC Saarbrücken. Nach mehreren Spielzeiten in der ersten Liga in den 60ern, 70ern, 80ern und 90ern hat der FCS heute ein Abo auf niederklassige Ligen. Der Ort, an dem der Klub seine Heimspiele austrägt, hat alle diese Phasen miterlebt: das Ludwigsparkstadion (1952), kurz: Ludwigspark oder nur »der Park«.

Der Ludwigsberg, auf dem das Stadion steht, war als Landschaftspark angelegt, dieser wurde aber 1793 in den Revolutionswirren zerstört. 100 Jahre später wird das Gelände zur öffentlichen Grünanlage, und es existieren Pläne für ein Revival, sozusagen ein Park neben dem »Park«. Okay, seit Jahrzehnten existierten auch Pläne, das schwächelnde Stadion wieder fit zu machen, aber 2015 geschah dann das Unfassbare: Die mit 16 Millionen Euro veranschlagte Sanierung begann. Stand Juli 2021 war sie zwar noch nicht abgeschlossen, und das neue Stadion dreimal so teuer wie geplant, aber immerhin ist es schön geworden. Und auch die 16.000 Plätze werden sicher bald wieder benötigt. Selbst in der Oberligasaison 2008/09 verbuchte man noch einen Spitzenwert von 9.400 Zuschauern (gegen den FC Homburg).

Schön war's früher auch auf sportlicher Ebene. Am 28. März 1954 absolvierte die deutsche Nationalmannschaft ein WM-Qualifikationsspiel im »Park«. Der Gegner: die saarländische Nationalmannschaft! Trainer: Helmut Schön. Das Spiel gegen die Deutschen endet 1:3, das Aus nach dem 0:3 im Hinspiel in Stuttgart. Noch ein anderes legendäres Spiel fand hier statt: das 6:1 des FCS gegen Bayern München am 16. April 1977. Die Bayern mit vier amtierenden Weltmeistern und dem Landesmeisterpokal im Gepäck – der FCS als Landesmeisterpokalsieger-Besieger … episch! Das ist lange her. Aber für die echten Fans heißt es: »Liebe kennt keine Liga«, da nimmt man halt auch die dritte.

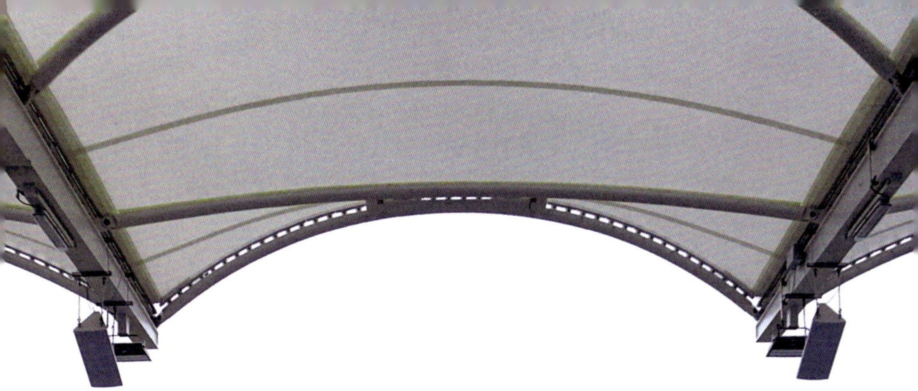

Adresse Camphauser Straße, 66113 Saarbrücken | **ÖPNV** DB, Haltestelle Saarbrücken Hbf., circa 10 Minuten Fußweg; Bus 105/125, Haltestelle Sittersweg | **Anfahrt** A623, Ausfahrt Westspange, an der Gabelung Richtung Westspange, Parkplätze an der Saarland- oder der Kongresshalle | **Öffnungszeiten** zu allen Heimspielen des FCS | **Tipp** Das zweitmarkanteste Bauwerk Malstatts, neben der »Kathedrale des Saar-Fußballs«, ist die neugotische Kirche St. Josef, eine der größten Sakralbauten des Landes.

74__Die Felsenwege

Wandern am geologischen »Aufschnitt«

Ein Wanderweg mit 130 Höhenmetern? In Saarbrücken? Richtig gelesen. Die Felsenwege in St. Arnual, an der Ostseite des Sonnenberges, sind ein Wanderweg, auf dem man insgesamt 130 Höhenmeter zurücklegt, und – sie liegen im Saarbrücker Stadtgebiet. Seit 2020 gehören sie auch der Stadt und nicht mehr dem Stift St. Arnual.

Um die Geheimnisse dieser Wege zu erforschen, muss man ein klein wenig in die Vergangenheit zurückgehen, so etwa 240 Millionen Jahre. Damals trollten sich hier Dinosaurier und andere Urzeitlebewesen auf einem wüstenhaften Festlandbecken, das sich quer über Mitteleuropa zog. Die Flüsse, die sich durch das Becken schlängelten, und die starken Winde führten etwas mit, was die Landschaft nachhaltig verändern sollte: Sand. Innerhalb von circa zehn Millionen Jahren wuchsen riesige Sandschichten heran, die im Laufe der Zeit zu Sandstein gepresst wurden. Vor etwa zwei Millionen Jahren gruben sich dann die Saar und ihre Nebenflüsse in diese Schichten und hinterließen die schroffen Felshänge, die man heute abwandern kann.

Geologen unterteilen die Buntsandsteinschichten in den oberen, den mittleren und den unteren Teil. Im Saarland kann man lediglich den oberen und mittleren Teil finden, auf den Felsenwegen allerdings in ihrer ganzen Pracht. Es gibt einen oberen, einen mittleren und einen unteren Weg, wobei der mittlere der spektakulärste ist. Hier kann man die bis zu drei Meter starke violette Grenzzone sehen, die die mittlere von der oberen Buntsandsteinschicht trennt, und auch die typischen Wabenverwitterungen. Die weißen Ablagerungen auf manchen Felsen sind Kalktuffe aus dem Muschelkalkboden des Sonnenbergs.

Der untere Weg, der von der Großblittersdorfer Straße aus zugänglich war, ist momentan zu riskant. Seit März 2021 wird der Einstieg über die Straße Zum Stiftswald oder vom Sonnenberg aus auf die oberen Felswege empfohlen. Aktuelle Hinweise beachten.

Adresse Zum Stiftswald, 66119 Saarbrücken | ÖPNV Bus 126, Haltestelle St. Arnual Forsthaus, zu Fuß auf Straße Zum Stiftswald, nach 200 Metern links Einstieg | Anfahrt A620, Ausfahrt Sankt Arnual, über Saargemünder Straße | Öffnungszeiten ganzjährig | Tipp Die Stiftskirche St. Arnual (Odakerstraße) wurde aus Buntsandstein gebaut. In ihrer Gruft ruhen die Grafen von Saarbrücken.

75 Die »Saar Alpaka Farm«

Anden-Flair in der Landeshauptstadt

Wenn eine Hamburgerin der Liebe wegen ins Saarland zieht, zeugt das von einem gewissen Mut. Und Mut wird ja häufig belohnt. So war es auch im Fall von Christiane Groß und ihrem Mann, dem gebürtigen Saarbrücker Rainer Frenkel. Ihr gemeinsames Projekt: die »Saar Alpaka Farm«.

Frenkel wurde durch einen TV-Bericht vom Alpaka-Virus befallen, seine Frau zog bald nach. Dann ergab sich die Möglichkeit, einen Hof im Almet, einem ländlichen Gebiet hinter dem Tabaksweiher, zu erwerben, und die beiden schlugen zu. Am Anfang waren es gerade mal acht Alpakas, mittlerweile sind es 57. Die Stuten, Hengste und unfassbar süßen Fohlen hören auf Namen wie Viviane, Emilio, Fräulein Smilla und Tinkerbell. Der Erstkontakt ist nicht ganz einfach: Alpakas sind Fluchttiere. Zum Glück sind sie aber auch unglaublich neugierig, weswegen sie sich den Menschen dann doch gern nähern. Und wer einmal in diese bezaubernden Gesichter geschaut und dieses dichte, flauschige Fell gestreichelt hat, der will es immer wieder. Suchtfaktor: 100 Prozent. Nicht umsonst bezeichneten die Inkas die Alpakawolle als »Vlies der Götter«.

Auch wenn man es ihnen nicht unbedingt ansieht: Alpakas gehören zur Familie der Kamele. Wie die drei Trampeltiere auf dem Gelände. Der Anführer des Trios: Wallach Stefan. Wessen Herz spätestens jetzt nicht endgültig gebrochen ist, der hat keins. Nebenbei gibt es 46 Lamas, die ebenfalls auf der Farm gezüchtet werden, darunter Roxette und Bowie. Ihr Haupthaar lässt erahnen, wie sie zu ihren prominenten Namensgebern kamen. Es ist wirklich toll, sich auf den Hofwiesen frei zwischen all diesen Tieren zu bewegen. Auf Wunsch kann man mit den Alpaka- und Lama-Hengsten auch eine Wanderung unternehmen.

Die Wolle der Alpakas wird übrigens zur Verarbeitung verschickt. Danach kann man sie im heimeligen Hofladen erwerben. Er befindet sich in einer echten mongolischen Jurte.

Adresse Im Almet 163, 66119 Saarbrücken | ÖPNV Bus 108/128, Haltestelle Tabaksweiher, 2 Kilometer durch das schöne Almet oder Bus 123, Haltestelle Spicherer Berg, 1 Kilometer zu Fuß | Anfahrt A620, Ausfahrt St. Arnual, im Kreisverkehr zweite Ausfahrt in verlängerte Julius-Kiefer-Straße, den Alpaka-Fotos folgen | Öffnungszeiten April–Okt. Sa, So 13–18 Uhr, Nov.–März Sa, So 13–17 Uhr, nach Absprache: Tel. 0681/59099864 | Tipp Direkter Nachbar der Alpakas ist das Gasthaus Erbeldinger Hof (Tel. 0681/59097697).

76__Der Festsaal im Rathaus

Ehebünde im malerischen Bau

Das Rathaus St. Johann, seit 1909 auch von ganz Saarbrücken, wurde kurz vor der Jahrhundertwende errichtet und ist der größte neogotische Profanbau des Saarlandes. 1859 war St. Johann zur eigenständigen Gemeinde aufgestiegen, und das wohlhabende Bürgertum wollte sich angemessen repräsentiert sehen. Der Auftrag erging an den Münchener Architekten Georg von Hauberrisser, ohne Ausschreibung, auch damals schon ein Politikum. Und noch etwas erinnert an die Gegenwart: Der Bau war mit 400.000 Mark kalkuliert, am Ende kostete er das Doppelte.

Nach den Vorgaben des damals vorherrschenden »malerischen Städtebaus« wurden das Rathaus und die gegenüberliegende Johanneskirche einheitlich neogotisch gestaltet, Sinnbild für das angestrebte »Bündnis von Thron und Altar«. Hauberrisser zeichnete auch für die Inneneinrichtung verantwortlich. Besonders prächtig ist sie im Festsaal des Rathauses, wo heute jährlich etwa tausend Trauungen stattfinden. Er ist zwei Stockwerke hoch und reich dekoriert. Über den Gemäldezyklus mit Szenen aus der Stadtgeschichte hat Hauberrisser Binnenfenster angebracht, die eine Verbindung zur dahinterliegenden Halle herstellen. Die Wandverkleidungen mit den Kaminen und die Holzdecke mit den riesigen Kronleuchtern geben dem Raum aus heutiger Sicht etwas Schwerfälliges, in der Kaiserzeit war es *State of the Art*. Auffällig: der Balkon mit dem Reichsadler und den beiden Rittern – während der linke nach Feinden Ausschau hält, blickt der rechte von einem erlegten Drachen zu seinen Füßen auf, ein Symbol des Sieges im Deutsch-Französischen Krieg.

Die Glasmalereien, die die mittelalterliche Ständeordnung thematisieren (Ritter, Kleriker, Bauer), schuf der Frankfurter Künstler Alexander Linnemann. Daneben gibt es ein Bürgertumsfenster, eine Allegorie der Stadt St. Johann mit den Zunftwappen der Gewerbe und einem Zitat aus Schillers »Glocke«: »Arbeit ist des Bürgers Zierde, Segen ist der Mühe Preis«. Festsaal und Gemälde wurden 1988 renoviert.

Adresse Rathausplatz 1, 66111 Saarbrücken | **ÖPNV** Saarbahn S1, Haltestelle Johanneskirche | **Anfahrt** A620, Ausfahrt Wilhelm-Heinrich-Brücke, Richtung City | **Öffnungszeiten** Führungen am 2. Montag und letzten Samstag im Monat, 11 Uhr, Treffpunkt Tourist Info, Anmeldung erforderlich (Tel. 0681/95909200) | **Tipp** Vom Turm ertönt zweimal täglich ein Glockenspiel (15.15 und 19.19 Uhr). Die Turmbesteigung ist Teil der Führung.

77 Das Kraftwerk Römerbrücke

Energiegewinnung und energetische Kunst

Das Kraftwerk Römerbrücke ist eines der eindrucksvollsten Gebäude in Saarbrücken. Durch seine Zentrumsnähe prägt es das Stadtbild wie kaum ein anderes Bauwerk. Es wurde 1964 errichtet und versorgte ein nahe gelegenes Wohn- und Gewerbegebiet mit Fernwärme. 1974/75 erfolgte die Erweiterung zum Gas- und Dampfturbinenkraftwerk, in dem Energie per Kraft-Wärme-Kopplung gewonnen wird: Aus Brennstoffen wie Öl, Gas und Kohle wird Strom erzeugt und die dabei abfallende Wärme zu Heizzwecken genutzt – damals eine innovative Form der Energieerzeugung. Mittlerweile wird fast nur noch Gas benutzt.

Seine heutige Form erhielt das Kraftwerk zwischen 1985 und 1988. Auffällig sind der über 160 Meter hohe Schornstein und die außergewöhnliche Gestaltung. Verschiedene Künstler haben aus dem Kraftwerk ein Kunstwerk gemacht. In einer Kühlvitrine vor dem Haupteingang steht der »Schneemann« des Schweizer Duos Fischli/Weiss, ein Symbol für die Energieerzeugung im Kraftwerk. Würde man es abschalten, würde der Schneemann schmelzen. Auf dem Dach der Kühlbauwerke hat Edward Allington die Skulptur »Fallender Tempel« platziert, von der aus nach Einbruch der Dämmerung ein gerichteter Lichtstrahl in die Saar leuchtet. Auch für die »Häuserlandschaft« von Thomas Schütte sollte man den Sonnenuntergang abwarten. An der über 30 Meter hohen Fassade des Kesselblocks hat der Künstler rote Giebel aus Plexiglas und gelbe Leuchtstoffröhren angebracht. So entsteht das Bild von vielen kleinen Fenstern einer Wohnsiedlung: Das Kraftwerk dient den Bürgern. Auf einer Halbinsel auf der anderen Saarseite steht die »Wassermühle« von Katharina Fritsch. Sie schlägt eine Brücke von der Technik der Vergangenheit zur Technik der Zukunft. Auch zu sehen: Werke der Urban-Art-Künstler Reso, Raks, Mene Tekel und Laune.

Adresse Bismarckstraße 143, 66121 Saarbrücken | ÖPNV Saarbahn S1, Haltestelle Kieselhumes, knapp 10 Minuten Fußweg | Anfahrt A620, Ausfahrt St. Arnual, über die Ostspange, dann links | Öffnungszeiten ganzjährig von außen; kostenlose Führungen nach Anmeldung unter Tel. 0681/5875566 | Tipp Auf der anderen Saarseite, direkt gegenüber des Kraftwerks, gibt es einen Biergarten (Ende Koßmannstraße). Hier hat man einen herrlichen Blick auf die Lichtinstallationen.

78 Der Kunstautomat

Klein-Kunst für kleines Geld

Der große Flachdachbau an der Trierer Straße 33 beherbergte ab 1929 die Oberpostdirektion für das Saargebiet und das Saarbrücker Hauptpostamt, nach 1935 die Oberpostdirektion Saarbrücken. Ab Mitte der 1980er Jahre stand er leer, erst 2012 begann die Sanierung. Das Gebäude wurde komplett entkernt, die Fassade blieb erhalten. 2014 zog das saarländische Ministerium für Bildung und Kultur ein. Passend dazu wurde im Mai 2020 an der Außenfassade ein Kunstautomat angebracht. Für vier Euro kann man sich aus dem umfunktionierten Zigarettenautomaten kleine Bilder, Objekte, Grafiken, aber auch Lyrik von regionalen und überregionalen Künstlern ziehen. In einer kleinen Schachtel mit Beipackzettel, der aber nicht vor den Nebenwirkungen der Kunstwerke warnt, sondern Informationen über Leben und Wirken der kreativen Köpfe gibt.

Der erste Automat dieser Art im Saarland hängt, auf Initiative des Künstlers Albert Herbig, seit 2018 neben einer Galerie in der Feldmannstraße 144. Der Prototyp befindet sich seit 2001 in Potsdam und war eine Idee von Lars Kaiser, der inzwischen über 300 Automaten in fünf Ländern realisiert hat, auch die in Saarbrücken. Die Idee: Jeder soll Zugang zu Kunst haben. Die Einsatzmöglichkeiten für die Klein-Kunst-Werke sind vielfältig: Liebesbotschaft für den Partner, Geburtstagsgeschenk, nettes Mitbringsel, Sammel-Item oder einfach ein Objekt der stillen Freude. Die meisten Werke sind Unikate, genau wie jeder einzelne Automat. Kunst aus dem Automaten bedeutet hier also nicht automatisiert hergestellte Kunst.

Um einen solchen bestücken zu dürfen, braucht man »nur« ein abgeschlossenes Kunststudium. Hat man keins, entscheidet die jeweilige Arbeit. An das Kunstwerk wird nur eine weitere Bedingung gestellt: Es muss in eine Zigarettenschachtel passen. Gilt rein theoretisch auch für die Fünf-Saar-Franken-Briefmarke von 1952, auf der welches Gebäude künstlerisch wertvoll abgebildet ist? Richtig: die Alte Hauptpost.

Adresse Trierer Straße 33, 66111 Saarbrücken | ÖPNV DB, Haltestelle Saarbrücken Hbf.; Saarbahn S1, Haltestelle Trierer Straße | Anfahrt A623, Ausfahrt Richtung Metz/Saarbrücken oder A620, Ausfahrt Westspangenbrücke | Öffnungszeiten ganzjährig | Tipp Gegenüber liegt der Wolfgang-Staudte-Platz, der zu Ehren des bekannten Regisseurs eingerichtet wurde. Sein Geburtshaus steht an der Mainzer Straße 11.

79 Das Scharfrichter-Grab

Zeugnis einer Dynastie von »Ehrlosen«

»Wer nix wird, wird Wirt.« Dieser bekannte Spruch hätte auch anders lauten können: »Wer nix wird, wird Scharfrichter.« Zu allen Zeiten war das Sozialprestige des Scharfrichters nur knapp vor dem seiner Delinquenten angesiedelt. Sein Beruf bestand aus einer Ansammlung anrüchiger Tätigkeiten: Gefangene foltern, Todesurteile vollstrecken und die Leichname auf dem Schindanger verscharren. Auch die Nebenämter des Scharfrichters waren nicht dazu angetan, sein Ansehen in der Bevölkerung zu mehren. Aussätzige aus der Stadt vertreiben und Selbstmörder *nachträglich* züchtigen – damit wollten die anständigen Bürger nichts zu tun haben, selbst der einträgliche Nebenjob als Abdecker wurde von ihnen verachtet. Da sich logischerweise niemand um dieses Amt riss, wurde es in Erbpacht verliehen. Starb der Scharfrichter, übernahm sein Sohn das Amt. Auch bei der Partnerwahl war der Beruf eher hinderlich. Welche Frau würde einen Scharfrichter heiraten außer die Tochter eines anderen Scharfrichters? So entstanden Dynastien von »Ehrlosen«.

Eine dieser Scharfrichter-Dynastien waren die Rheins (später: Rhen/Rehn), die im 17. Jahrhundert vom Elsass ins Saarland übersiedelten und sich schließlich in St. Johann niederließen. Eines der Familienoberhäupter fand (wohl im Jahre 1772) seine letzte Ruhestätte an der dortigen Basilika. Darauf deutet die Inschrift einer Grabplatte hin, die am vierten Pfeiler der linken Außenseite eingemauert ist: »Sanft ruhet hier Johann Nickolaus Rehn, Scharfrichter von Sankt Johann anno MDCCLXXII«. Der ungewöhnliche Ort ist vermutlich der Tatsache geschuldet, dass der Ehrlose nicht in geweihter Erde begraben werden durfte. Nachfolger des Scharfrichters war übrigens Johann Nickolaus' Sohn Johann Nickolaus II., und dieser wird Zeuge eines späten Glücks: In seiner Generation werden zum ersten Mal Ehen mit Angehörigen »ehrlicher« Familien geschlossen.

Adresse Gerberstraße 31, 66111 Saarbrücken | ÖPNV Saarbahn S1, Haltestelle Landwehrplatz, 5–10 Minuten Fußweg | Anfahrt A620, Abfahrt Bismarck- oder Wilh.-Heinr.-Brücke, Parkplätze rund um den St. Johanner Markt | Öffnungszeiten außen ganzjährig, innen auf Anfrage im Pfarrbüro (Tel. 0681/90688270) | Tipp In der Basilika befindet sich eine Plakette zum Gedenken an den Widerstandskämpfer Willi Graf, Mitglied der Weißen Rose und Freund der Gebrüder Scholl.

80 Die Synagoge

Der zweite jüdische Sakralbau im Nachkriegsdeutschland

Am 2. Juni 1946 treffen sich 40 Überlebende der Shoah im Saarbrücker Rathaus, um die Synagogengemeinde Saar zu gründen. Kurz danach wird der Plan gefasst, eine neue Synagoge zu errichten. Im September 1948 beginnen die Bauarbeiten, nur knapp zehn Jahre nach der Reichspogromnacht, als SS-Einheiten die alte Synagoge (Futterstraße/Ecke Kaiserstraße) in Brand steckten und über 100 jüdische Mitbürger durch Saarbrücken trieben. Am 14. Januar 1951 wird die Synagoge eingeweiht. Den Bauherren kam dabei zugute, dass der französische Hohe Kommissar Grandval ebenfalls jüdischen Glaubens war und das Projekt unterstützte. So war es wohl ein Zugeständnis an das ästhetische Empfinden der damaligen Machthaber, dass die Außenfassade neoklassizistischen Bauten nachempfunden wurde.

Der Innenraum erinnert auf den ersten Blick an eine christliche Kirche: ein dreischiffiger Bau mit Holzbänken, an der Vorderseite ein altarähnlicher Tisch, dahinter ein von einem Vorhang verdeckter Schrein und rechts und links davon die beiden Orgelprospekte. Beim zweiten Hinschauen werden jedoch Unterschiede deutlich: Der Tisch ist kein Altar, sondern die *Bima*, sie dient dem Ausrollen der Tora. Der Schrein dahinter, der *Aron ha-Kodesch,* ist, wie auch die Holzbänke, nach Osten, Richtung Jerusalem, ausgerichtet und beherbergt die Torarollen mit den fünf Büchern Mose. Er ist das eigentliche Heiligtum der Synagoge und wird deshalb von einem Vorhang verdeckt. Die Lesungen aus der Tora trägt aber nicht, wie oft angenommen wird, der Rabbiner vor, sondern der Kantor oder ein anderer Schriftkundiger – ein Ausdruck des jüdischen Glaubens, in dem es im Unterschied zum Katholizismus keinen Mittler zwischen Gott und dem Menschen gibt.

2021 feierte die Gemeinde ihr 75-jähriges Jubiläum, die Synagoge ihr 70-jähriges. Vor der NS-Zeit gab es 23 Synagogen im Saarland, heute ist die am Beethovenplatz die einzige.

Adresse Lortzingstraße 8, 66111 Saarbrücken | ÖPNV Saarbahn S1, Haltestelle Kaiserstraße | Anfahrt über Dudweiler- oder Kaiserstraße zum Parkplatz am Beethovenplatz | Öffnungszeiten Gottesdienste: Fr 19 Uhr, Sa 9.30 Uhr; Führungen: auf www.sgsaar.de oder unter Tel. 0681/910380 | Tipp In Saarbrücken hat der Kölner Künstler Gunter Demnig bislang rund 40 »Stolpersteine gegen das Vergessen« verlegt, auch vor dem Rathaus in St. Johann.

81__Das Theaterschiff »Maria Helena«

Kulturbo(o)tschafter auf der alten Péniche

Schon von außen weiß das Theaterschiff »Maria Helena« zu gefallen. Obwohl es mit rund 40 Meter Länge und fünf Meter Breite nicht gerade zierlich ist, strahlt es etwas Gemütliches aus. Der Eindruck verstärkt sich, wenn man in den früheren Laderaum hinabsteigt. Wo ehemals Kohle, Stahl, Erbsen oder Bier lagerten, empfängt einen heute ein charmanter Theatersaal mit dunklen Dielen, einer Bühne mit rotem Samtvorhang und einem Bullerofen in der Ecke.

Die »Maria Helena« ist eine alte Dame, 2011 feiert sie ihren 100. Geburtstag. Dementsprechend viel hat sie zu erzählen. Am 11. November 1911, im selben Jahr wie die »Titanic«, läuft die Péniche »Maria Helena« in Straßburg vom Stapel (Pénichen nennt man Schiffe, die früher auf der Saar Güter transportierten). Als über 100-Jährige hat die »Maria Helena« beide Weltkriege miterlebt. Im Zweiten Weltkrieg wurde sie auf der Maas von französischen Truppen gesprengt und war monatelang versunken. 1941 wurde sie gehoben und zwei Jahre später wieder fahrtauglich gemacht. Bis 1955 war die »Maria Helena« als von Pferden gezogenes Treidelschiff unterwegs, dann erhält sie ihren ersten Motor.

Im Jahr 2006 trifft die damals 95-Jährige auf den Saarbrücker Theatermacher Frank Lion. Es ist Liebe auf den ersten Blick. Noch im selben Jahr kauft Lion das Schiff für 10.000 Euro, lässt es renovieren und anschließend zum Theaterschiff umbauen. Insgesamt investiert er etwa 280.000 Euro in die alte Herzensbrecherin. Doch »Maria Helena« zahlt es ihm nach und nach zurück. Egal wo das einzige mobile Theaterschiff Deutschlands vor Anker geht, die Hütte ist meistens voll.

Mittlerweile hat die »Maria Helena« Zuwachs bekommen. Seine zweite schwimmende Spielstätte und neue Liebe, die im Gegensatz zur großen Schwester unmotorisiert ist, hat Lion bei eBay entdeckt. Und man sagt ja: Doppelt geliebt hält besser. Oder so.

Adresse Heimathafen: Saarufer/Ecke Alte Brücke | ÖPNV Saarbahn, Haltestelle Johanneskirche oder zahlreiche Busse Haltestelle Staatstheater | Anfahrt A620, Ausfahrt Wilhelm-Heinrich-Brücke, Parkplatz Stadtgraben oder Staatstheater | Öffnungszeiten Info unter Tel. 0681/65817 | Tipp Die »Anna Leonie« im Merziger Hafen fuhr bis 1964 als letztes Treidelschiff auf der Saar und ist heute ein schwimmendes Museum (Besichtigungstermine beim Fischereiverband: fv-saar@t-online.de).

82 The Urban ArtWalk

Freilichtmuseum in der Saarbrücker Innenstadt

Urban Art – oder Street Art – ist nach wie vor der heiße Scheiß der Kunstszene. Ikone der Bewegung: der Brite Banksy. Seine Identität ist ein gut gehütetes Geheimnis, die Intention seines Schaffens ein offenes: »Kostenlose Kunst für jedermann, die zum Nachdenken anregt«.

Um Street Art zu sehen, muss man nicht nach London, New York oder Berlin. Auch an 13 Saarbrücker Hausfassaden kann man die »Murals« (Mauerbilder) von renommierten Street-Art-Künstlern betrachten. Im Gegensatz zu vielen anderen Werken der Szene sind sie legal entstanden und wurden erstmals 2017 in einem zusammenhängenden Parcours, dem Urban ArtWalk, präsentiert.

Ein guter Startpunkt ist die Bahnhofstraße, hier sind gleich mehrere Murals zu sehen, wie »Saarbroken« (Nummer 66) vom französischen Urban-Exploration-Duo Sowat & Lek. Oder »Unmoral Mural« (Nummer 62) vom Schweizer Smash137. Sehr beeindruckend, im Stil der Pop Art, an der Rückseite eines Geschäftshauses (Nummer 52): »Broadway« von Sen2 aus Puerto Rico. Im Nauwieser Viertel: »Theo is looking at the window« von Remi Rough & LX. One (Försterstraße 21) oder das unbetitelte Zitronenbild des Spaniers Aryz (Nassauer Straße 16). Ein Stück weiter zur Saar, an der Musikhochschule (Bismarckstraße 1): »Out of this world«, ein Werk von Patrick Jungfleisch aka Reso. Der gebürtige Saarbrücker und Ideengeber des ArtWalks hat schon über hundert Murals weltweit realisiert. Als Vertreter des »Style Writing« stellt er dabei sein Pseudonym immer wieder unterschiedlich dar.

Das jüngste und wohl umstrittenste Werk des Urban ArtWalks prangt an einer Hausfassade auf der anderen Saarseite (Spichererbergstraße 9). Es trägt den schlichten Titel »Strasse« und wurde von der Bautzener Künstlerin MadC angefertigt. Das grellbunte Werk führte zu öffentlichen Diskussionen. Aber wie sagte schon Voltaire? »Alle Künste sind gut, außer die langweilige Kunst.«

Adresse Startpunkt: Bahnhofstraße 66, 66111 Saarbrücken | ÖPNV Saarbahn S1, Haltestelle Johanneskirche, 5 Minuten Fußweg | Anfahrt A620, Ausfahrt Wilhelm-Heinrich-Brücke, über die Brücke und Am Stadtgraben ins Karstadt-Parkhaus oder am Beethovenplatz parken | Öffnungszeiten ganzjährig, Liste mit allen Murals auf www.artwalk.saarland | Tipp Die Seitenfassade des JUZ Försterstraße ist auch mit Graffitis gestaltet. Der Bau (1920), ehemaliger Sitz der AOK, ist denkmalgeschützt.

83__Die Villa Sehmer

Klassische Sterneküche in klassizistischem Bau

Einen Stern hat er zwar inzwischen verloren, der Saarbrücker Sternekoch Klaus Erfort, aber etwas anderes nicht: sein Gästehaus an der Mainzer Straße. Auch mit den verbleibenden zwei Himmelskörpern bleibt der Gourmet-Tempel den Erfort-Fans erhalten. Und nach wie vor ist die Villa ein absoluter Hingucker im Sankt Johanner Stadtbild.

Wie man bereits ahnt, befand sich in dem Gebäude nicht immer ein Restaurant, sondern schlicht und ergreifend eine Wohnung. Okay, eine sehr große Wohnung. Sie gehörte Theodor Sehmer (1847–1907), seines Zeichens Gründer einer Maschinenfabrik und der Saarbrücker Gussstahlwerke. Um seinen Wohlstand angemessen zu repräsentieren, ließ er sich von 1880–1882 eine dreigeschossige Villa errichten – man gönnt sich ja sonst nichts. Entworfen hat sie vermutlich der Saarbrücker Architekt Gustav Schmoll, definitiv im spätklassizistischen Stil: quadratischer Grundriss, flach geneigtes Walmdach, zum Garten ein Söller, ein verziertes Sockelgeschoss mit Bogenfenstern und im ersten Obergeschoss: die Beletage und ein Mezzanin. Die Straßenseite ist symmetrisch angeordnet, die Eingangstür von toskanischen Säulen gerahmt.

In den 1890er Jahren kam ein Gartenpavillon dazu. 1919 kaufte der Direktor der französischen Bergwerksverwaltung das Haus. Exakt 30 Jahre später – und da nähern wir uns ihrer aktuellen Nutzung – erhielt die Villa einen Weinkeller. Wiederum acht Jahre später griffen die Saarbergwerke zu, die das repräsentative Gebäude als Gästehaus nutzten. Seit 2020 gehört die Villa zwei saarländischen Unternehmern.

Im Hochparterre kann man seit 2002 in Klaus Erforts Restaurant schlemmen. Und, wer weiß, wenn der Chef noch mal die Lust verspürt, kommt ja vielleicht bald wieder ein dritter Stern dazu. Falls er aber irgendwann gar keine Lust mehr haben sollte, dann bleibt den Saarbrückern immer noch eine schöne klassizistische Villa.

Adresse Mainzer Straße 95, 66121 Saarbrücken | ÖPNV Saarbahn S1, Haltestelle Hellwigstraße; Bus R 10/506, Haltestelle Uhlandstraße/Mainzer Straße | Anfahrt A620, Ausfahrt Bismarckbrücke/Cityring, über Bismarckbrücke und Paul-Marien-Straße, rechts ab | Öffnungszeiten außen ganzjährig; Gästehaus: Mo–Fr ab 12 und ab 19 Uhr, Reservierungen unter Tel. 0681/9582682 | Tipp Zur Sterneküche passt die »Quanah Schott Pâtisserie« (Mainzer Straße 86), französisches Naschwerk auf hohem Niveau.

84 Die Schlafhäuser

Hartfüßer im »vergessenen Dorf«

Lange Zeit wurde Von der Heydt das »vergessene Dorf« genannt. Denn nach der Stilllegung der Grube, die nach dem preußischen Handelsminister von der Heydt benannt wurde, geriet auch die dazugehörige Siedlung tatsächlich ein wenig in Vergessenheit. Der Ort hat aber auch glorreiche Zeiten gesehen. 1852 wurde die Grube an das Bahnnetz angeschlossen, und schon 1885 förderten dort mehr als 2.700 Bergleute über 700.000 Tonnen Kohle. Die Geschichte des Ortes ist deshalb auch die Geschichte der Hartfüßer.

Hartfüßer (auch Saargänger oder Ranzenmänner) nannte man diejenigen Bergarbeiter, die nicht in unmittelbarer Nähe der Grube wohnten, Montag früh bis zu dreißig Kilometer zu Fuß zur Schicht gingen und samstags auf demselben Weg nach Hause zurückkehrten. Die Woche über schliefen sie in der Nähe der Grube, seit 1875 in sogenannten Schlafhäusern. Diese sahen die preußischen Behörden als Prunkstücke der Arbeiterfürsorge an, und tatsächlich war vor allem das Schlafhaus I denen in anderen Bergarbeitersiedlungen um einiges voraus. In einem Flügel des Hauses gab es separate Wasch-, Koch-, Ess- und Leseräume für ungefähr 250 Bergleute. Geschlafen wurde in Achtbettzimmern. Das Haus, in dem heute das Landesamt für Kataster-, Vermessungs- und Kartenwesen untergebracht ist, trug lange den Spitznamen »Casino«, weil hier lange – klar – das Casino der Bergbeamten untergebracht war. Dort gab es ein Lese- und ein Billardzimmer, eine Kegelbahn und einen Musikpavillon. Den Bergleuten war es selbstredend verboten, sich dort aufzuhalten.

Oberhalb der Nummer I liegt das Schlafhaus II. Es wurde »De Kirch« genannt, weil die französischen Minenbetreiber eine kleine Kapelle anbauen ließen. Von ihm ist nur noch ein Teil erhalten. Mit dem verstärkten Ausbau der öffentlichen Verkehrsmittel nach dem Ersten Weltkrieg verschwanden die Schlafhäuser. Ihre Dienste wurden nicht länger gebraucht.

Adresse Von der Heydt 22, 66115 Saarbrücken | ÖPNV Saarbahn S1, Haltestelle Heinrichshaus, 15 Minuten Fußweg | Anfahrt A1, Ausfahrt Von der Heydt, unter der A1 durch, dann gut einen Kilometer geradeaus | Öffnungszeiten innen zu den Öffnungszeiten des Katasteramtes (Tel. 0681/971203) | Tipp Hinter dem Schlafhaus I befindet sich der Eingang zum Bierkeller des ehemaligen Casinos.

85 Der Alte Friedhof

Religionsfrieden ohne Zwang

Der Alte Friedhof Saarlouis ist außergewöhnlich. Weil dort viele alte Bäume stehen, es viele kunstvolle Grabsteine gibt und dieser Friedhof keine Standesunterschiede kennt. Hier liegt Arm neben Reich, Bedeutend neben Unbedeutend. Und noch etwas ist bemerkenswert an diesem Ort: Er vereinigt auf ein und demselben Areal einen katholischen, einen protestantischen und einen jüdischen Friedhof.

Lange Jahre war der Alte Friedhof in einen Dornröschenschlaf gefallen. Erst im Jahr 1995, als die Behörden entschieden, ihn nicht weiter zu belegen, wurde man wieder auf ihn aufmerksam. Sofort regte sich Widerstand. Aus einer Interessengemeinschaft gegen den Beschluss entwickelte sich der heutige Förderverein, der die weitere Belegung erkämpft hat und zahlreiche Grabdenkmäler vor dem Verfall gerettet hat.

Der Alte Friedhof blickt auf eine lange Geschichte zurück. 1773 wird der katholische Friedhof eingerichtet, 1821 folgt der evangelische Garnisonsfriedhof und 1905 der jüdische Friedhof. Letzterer ist bis heute ein eigenständiger Teil, betreut von der Synagogengemeinde Saar und inzwischen auch wieder belegt. Im Südteil haben Künstler Steine der alten Saarlouiser Synagoge im Halbkreis angeordnet. Die riesige Scheibe daneben ist das alte Ziffernblatt der evangelischen Kirche. Dieses friedliche Nebeneinander der Religionen war und ist keine Selbstverständlichkeit.

Auch Anrührendes gibt es zu entdecken, etwa das Grab des Zirkusjungen Anton Mark, der im Alter von 12 Jahren bei einer Vorstellung vom Trapez fiel und später seinen Verletzungen erlag. Oder das Grab von Chim Bebe, dem togolesischen Bediensteten eines Saarlouiser Möbelhändlers. Er widmete seinem treuen Diener einen ganz besonderen Grabspruch: »Hier ruht in Gott / mein lieber Neger / Chim Bebe / gest. 1912 im Alter von / 26 Jahren«.

Auch wenn die Wortwahl heute undenkbar wäre: Auf dem Alten Friedhof Saarlouis gibt es keinen Kampf der Kulturen.

Adresse Walter-Bloch-Straße oder Gatterstraße, 66740 Saarlouis | ÖPNV Bus 402/404, Haltestelle ZOB Kleiner Markt, 10 Minuten Fußweg | Anfahrt A620, Ausfahrt SLS–Mitte, Richtung City, rechts in Ludwigstraße | Öffnungszeiten Info Tel. 06831/443263 oder Tel. 06831/40727 | Tipp Der Gobelinsaal im Rathaus (Großer Markt 1). Die imposanten Wandteppiche wurden auf Geheiß Ludwigs XIV. angeschafft.

86 Der Ravelin V

Vaubans Wallschild unter dem Schlachthof

Flesche, Lünette, Kurtine, Facen, Ravelin – klingt alles irgendwie nach Mode und netten Kostümchen. Weiter daneben könnte man aber kaum liegen, denn es sind Begriffe aus dem Festungsbau. Und davon gibt es in Saarlouis, wie die älteren Einheimischen sagen würden, »La Mass die Meng«.

Im Jahr 1680 gewann Ludwig XIV. für die Errichtung von »Sarre-Louis« den bekanntesten Festungsbaumeister seiner Zeit: Sébastien Le Prestre de Vauban. Sein Werk lässt sich im Grundriss bis heute erkennen: die Sternform, sechs Bastionen, Gräben und Wälle und neuerdings: der Ravelin V. Ein Ravelin (Wallschild) schützte den Wall zwischen zwei Bastionen (Kurtine) und flankierte die nach außen liegenden Seiten (Facen). Er entstand ursprünglich aus kleinen Ufer-Vorwerken (italienisch: *rivellino*), die Angriffe auf die Torbrücke erschweren sollten. Ein Ravelin hat einen dreieckigen Grundriss, als Flesche (mit zwei Facen) oder Lünette (mit zwei Facen und zwei Flanken).

Der Ravelin V hatte sich lange unter dem Saarlouiser Schlachthof versteckt, der 2005 abgerissen wurde. Zum Glück realisierte die Stadt die geplante Wohnbebauung auf der Freifläche nicht, sondern machte einen Festungspark daraus. Ab Juni 2012 wurden die Strukturen des Ravelin sichtbar gemacht. Von der Straße führt eine große Freitreppe hinab zum Hauptgraben. 14 große Stahlbügel erinnern an den Verlauf und die Dimension der Mauerfront. Die Anlage wurde an die Innenstadt angebunden und in die Architektur der Bastion VI und der Vauban-Insel eingebettet. Das Ergebnis: eine gelungene Verschmelzung der historischen Anlagen mit Stadtpark und Saaraltarm. Die Aussichtsplattform auf der Bastion VI bietet einen tollen Blick über den Festungspark.

Dank dieses Ensembles ist Saarlouis eine besondere unter den Vaubanschen Festungsstädten. Ganz nebenbei: Ein Dutzend seiner Anlagen in Frankreich stehen auf der Weltkulturerbe-Liste.

Adresse Vaubanstraße/Anton-Merziger-Ring, 66740 Saarlouis | ÖPNV zahlreiche Busse bis Haltestelle Pieper | Anfahrt A620, Ausfahrt Saarlouis-Mitte, auf Metzer Straße Richtung City | Öffnungszeiten ganzjährig | Tipp In Kaserne VI (Alte-Brauerei-Straße) befindet sich die Ludwig Galerie. Di–Fr 10–13, Di–So 14–17 Uhr, Eintritt frei.

87_Der Campus Nobel

Leben und Arbeiten in der alten Dynamitfabrik

Eines der ungewöhnlichsten Siedlungsprojekte des Landes, der »Campus Nobel« in Saarwellingen, ist eng mit dem schwedischen Chemiker Alfred Nobel, dem Stifter des gleichnamigen Preises und Erfinder des Dynamits, verbunden. Der Name ist nicht zufällig gewählt, denn an dieser Stelle befand sich seit 1910 ein Zweigwerk des weltweiten Nobel-Imperiums. Das Saarwellinger Werk, in dem Sprengstoff für Bergbau und Industrie hergestellt wurde, schloss 1982 seine Tore. Seitdem wurden das Gelände und die dazugehörigen Industriebauten sich selbst überlassen. Erst im Jahr 2000 fand sich ein Investor, der die Potenziale des alten Fabrikgeländes erkannte und nutzen wollte. Die Erschließung des Geländes begann 2006.

Vom Eingang des »Campus« aus fällt einem zunächst der fast 50.000 Quadratmeter große künstliche See im Zentrum der Anlage ins Auge. Dort befand sich ursprünglich ein unterirdisches Dynamitlager, das aber vor seiner Umwandlung in ein schilfbewachsenes Gewässer restlos leer geräumt wurde. Das Gelände ist, auf beiden Seiten des Sees, in drei Bereiche unterteilt: Direkt am Eingang, also an der Westseite des Geländes, befindet sich der Gewerbebereich, dahinter der Freizeitbereich mit Gastronomie und altem Baumbestand und am Ende der dritte und größte Bereich, das Wohngebiet. Es umfasst das gesamte Spektrum vom kleinen Einfamilienhaus bis zur prachtvollen Villa, von der Kita Kinderland bis zur Marienkapelle.

Auffällig sind vor allem ein strahlend weißes, dem Bauhausstil nachempfundenes Wohnhaus, daneben das alte Industriegebäude mit dem dazugehörigen Schornstein und das Wahrzeichen des »Campus«, der alte Wasserturm. Auf dessen Spitze wird jedes Jahr im Advent ein leuchtender Weihnachtsbaum aufgestellt. In der alten Werkshalle spielen einmal im Jahr – innerhalb der »International Jazzwerkstatt« – Größen des Jazz für kleines Geld und geben Workshops. Das hat Charme.

Adresse Zum Campus Nobel, 66793 Saarwellingen | **ÖPNV** Bus 925, Haltestelle Campus Nobel | **Anfahrt** A8, Ausfahrt Nalbach, auf der B269, über Werner-von-Siemens-Straße | **Öffnungszeiten** ganzjährig | **Tipp** Die Gemeinde Saarwellingen erwarb 1818 die barocke Residenz (1766) am Schlossplatz. Im 19. Jahrhundert wurde das Schloss zum Schulhaus (Anbau 1879) und 1977 zum Rathaus umgebaut.

88 Der Beckerturm

Alte Brauerei im Stil des Neuen Bauens

Er gilt als das Wahrzeichen von St. Ingbert, er ist im Signet der Stadt enthalten, und sogar eine Zeitschrift war nach ihm benannt: der Beckerturm.

Von der steilen Auffahrt hinaufblickend, ragt der über 40 Meter hohe Betonkoloss monumental in den Himmel. Er ist der dominanteste Teil des ehemaligen Sudhauses der 1877 gegründeten Brauerei Becker und beherbergt bis heute die Brauanlagen auf insgesamt neun Etagen. Der Turm wurde von 1925 bis 1931 von dem bekannten Stuttgarter Architekten Hans Herkommer im Stil des Neuen Bauens mit expressionistischen Elementen gestaltet. Herkommer entwarf auch die Möbel im Direktorenzimmer und die Einrichtung des »Braustübls« im obersten Stockwerk. Es steht, wie der Rest des rundum renovierten Gebäudes, unter Denkmalschutz. Zu sehen bekommt man all dies jedoch nur, wenn man zuvor eine Führung vereinbart hat – das gilt auch für den alten Brauereikeller.

Über drei Etagen geht es hinunter, und alles ist noch da: die alten Fässer, die Gärbottiche, der Brunnen, der Eiskeller. Im Zweiten Weltkrieg schützten sich die Einheimischen hier vor Luftangriffen. Eine etwas unkonventionellere »Fremdnutzung« fand dann nach dem Krieg statt: Kinder mit Keuchhusten machten in den feuchten Gemäuern eine »Luftkur«. 1989 übernahm die Konkurrenz vom Karlsberg die Brauerei, 1997 wurde die Produktion nach Homburg verlagert und im Anschluss auf dem Gelände in St. Ingbert der Innovationspark am Beckerturm eingerichtet, wo inzwischen mehr als 300 Menschen arbeiten.

An der Außenfassade des Turms kann man immer noch das bekannte Becker-Signet sehen. Es wurde Mitte der 1980er Jahre von dem in St. Ingbert geborenen Designer Karl Basters entworfen. »Kunst *im* Turm« gibt es aber auch – so lautet der Titel einer jährlichen Ausstellung, bei der eine Gruppe von Künstlern, die auch Ateliers im Turm unterhalten, ihre Arbeiten präsentieren.

Adresse Kaiserstraße 174–176, 66386 St. Ingbert | ÖPNV DB, Haltestelle St. Ingbert; Bus 521, Haltestelle Brauerei | Anfahrt A6, Ausfahrt St. Ingbert-Mitte | Öffnungszeiten Führungen: Tel. 06894/1030 | Tipp Ein weiteres imposantes Gebäude der lokalen Industriegeschichte ist die »Alte Baumwollspinnerei« (1885) in der Wollbachstraße mit dem 70 mal 30 Meter großen Spinnereigebäude. Stand Juli 2021 ist die Nutzung weiter unklar.

89_Der Spellenstein

Hinkelstein im Vorgarten

Der Spellenstein im Sankt Ingberter Stadtteil Rentrisch bietet ein bizarres Bild. Der haushohe Menhir steht mitten in einem Vorgarten auf gepflegtem Rasen und neben sorgsam bepflanzten Blumentöpfen. Wie aber kommt ein fast 20 Tonnen schwerer Menhir in einen so putzigen Garten? Die Antwort: Der Menhir kam nicht zum Garten, sondern der Garten zum Menhir. Über 3.500 Jahre stand er allein, bis er um das Jahr 1900 von Rentrischer Häuslebauern umkreist wurde.

Unter großen Mühen aufgestellt wurde der Spellenstein vermutlich um das Jahr 1800 v. Chr., in der ausgehenden Jungsteinzeit. Er diente, wie alle Menhire, dem Toten- und Sonnenkult. Die charakteristische, von Menschenhand erzeugte Verjüngung nach oben ist noch gut zu erkennen.

Das Wort »Menhir« stammt aus dem Bretonischen und bedeutet »langer Stein«. Dieser Bedeutung macht der Spellenstein alle Ehre. Während die meisten Menhire zwischen ein und drei Meter hoch sind, misst der Spellenstein über fünf. Damit ist er der drittgrößte Menhir Deutschlands. Um diese enorme Höhe statisch zu sichern, ist der Stein zwei Meter tief im Boden verankert.

Der wohl bekannteste Hersteller und Lieferant von Menhiren war die gallische Comicfigur Obelix. Dass er die gewaltigen Hinkelsteine ohne fremde Hilfe transportieren konnte, hatte er einem Zaubertrank zu verdanken. Seine realen Kollegen konnten diese Leistung nicht allein vollbringen, zumal sie beim Transport oft weite Strecken zurücklegen mussten. Im Fall des Spellensteins vom Pfaffenkopf in Dudweiler bis nach Rentrisch. Der Begriff »Hinkelstein« beruht indes auf einem Missverständnis. Statt »Hünenstein« verstanden die Menschen »Hühnerstein«, und dieser wurde zum »Hinkelstein« verballhornt.

Im Mittelalter diente der Spellenstein als Grenzmarkierung für das Geleitrecht, mit dem die jeweiligen Herrscher gegen einen kleinen Obolus durchreisenden Kaufleuten Schutz vor Überfällen boten.

Adresse Am Spellenstein 12, 66386 Rentrisch | ÖPNV DB, Haltestelle Rentrisch, 15 Minuten Fußweg | Anfahrt A6, Ausfahrt St. Ingbert-West, Richtung St. Ingbert, nach 1 Kilometer rechts ab, an der B40 links Richtung Saarbrücken, unmittelbar hinter Autobahnbrücke rechts | Öffnungszeiten ganzjährig | Tipp Eine Wanderung zum Stiefel-Felsen, einer bizarren Buntsandsteinformation (Einstieg am Ende der Heinestraße).

90 Der Monster-Schwenker

Eyecatcher aus heimischen Douglasien

Der Ortsname passt: Um diesen Grill in Gang zu bringen, muss man lange Feuer schüren. Doch der Reihe nach. 2014 saßen Förster Bodo Marschall und seine Kollegen zusammen und überlegten, wie man den Besuchern am »Tag der Waldbewirtschaftung« (6. November 2014) die Arbeit der Förster näherbringen könnte. Das Ergebnis: ein informativer Rundkurs im Wald bei Schüren mit über 30 Stationen. Was noch fehlte, war ein Eyecatcher, der die mediale Aufmerksamkeit auf das Projekt lenken sollte. Und so wurde die Idee des Riesenschwenkers geboren.

Schon bald gingen Bodo Marschall und seine Mitstreiter ans Werk. Sie holten sich die Genehmigung für die Fällung der Douglasien, die man für die Grillbeine benötigte. Heimische Firmen sponserten den Beton für die tonnenschweren Fundamente, den 250 Kilogramm schweren Rost und den Kran, ohne den man den riesigen Dreibein-Schwenker (mit über 14 Metern einer der höchsten der Welt) gar nicht aufstellen könnte. Sogar die Statiker gerieten bei der Berechnung an ihre Grenzen, aber Marschall übernahm auch hier Verantwortung – nach dem Motto: »Augenmaß und Handgewicht verlässt den deutschen Forstmann nicht.«

Und dann stand er schließlich, der Monster-Schwenker, rechtzeitig zum 6. November. Über 5.000 Gäste beehrten den Giga-Grill und ließen sich eins der 1.000 Würstchen schmecken, die man gleichzeitig auf dem Rost (drei Meter Durchmesser) braten kann. Mehr geht nicht, weil nur auf dem äußeren Meter gegrillt werden kann, an die Mitte käme man gar nicht heran. Der Grill wird übrigens nur aufgehängt, wenn ein Fest stattfindet. Die Gefahr, dass er gestohlen wird, ist zu groß.

Leider wurde das Fest bislang nur einmal wiederholt. Was man leicht ändern könnte. Man kann den Grill günstig mieten, Feuerholz ist vor Ort ausreichend vorhanden, Getränkestände und Toiletten sind Dorffest-Standard. Fehlt nur ein tatkräftiger Grill-Marschall.

Adresse Elversberger Straße, 66386 St. Ingbert | Anfahrt A8, Ausfahrt Elversberg, durch Elversberg auf Elversberger Straße, hinter Schüren erster Weg rechts in den Wald, Parken im Ort | Öffnungszeiten Schwenker ohne Grill: ganzjährig | Tipp Ein Abstecher zum Haus Lion in Spiesen (Gänselieselplatz 1). Hier ist ein Heimatmuseum untergebracht.

91 Das Gasthaus »Zum Ochsen«

Metzgerei-Interieur im ältesten Lokal des Landes

Wir schreiben das Jahr 1620. Der Dreißigjährige Krieg hat gerade begonnen, die Saar aber noch nicht erreicht. Die »Mayflower« bringt die ersten Pilger von Plymouth an die Küste von Cape Cod und begründet damit gewissermaßen die heutige USA. Jean Picard wird geboren, nicht der von »Star Trek«, sondern der französische Astronom, der als erster die Größe der Erde bestimmte. Und in St. Wendel? Öffnet das Gasthaus »Zum Ochsen«.

Es steht bis heute am selben Platz und ist somit das älteste noch bestehende Gasthaus im Saarland. Das Gründungsjahr 1620 bekundet der weithin sichtbare Schriftzug an der Außenfassade. Dort ist auch die Familie Klär verewigt, die das Lokal ab Mitte der 1930er Jahre und bis in die 1980er Jahre eine Metzgerei im Nachbargebäude betrieb. Teile der Metzgerei hat man in die Gaststätte integriert, was einen gelungenen Bezug zur Geschichte des Lokals herstellt und gleichzeitig eine ungewöhnliche Atmosphäre schafft. Trotz der obligatorischen gekachelten Wand und dem gefliesten Metzgereiboden strahlt das Lokal freundliche Wärme aus. Das liegt an dem wilden Ausstattungsmix, der ganz offensichtlich gewollt ist. Von der Decke hängt ein Kronleuchter, aber auch historisches Küchengerät, an der Wand Fotos und Zeitungsausschnitte, die mit der Historie des Lokals zu tun haben, unter alten Suppenkellen prangt eine alte Preistafel aus der Metzgerei, überall finden sich unterschiedlich große Bilder und Figürchen von Ochsen, aber auch ein Klavier, und zu alledem tauchen die Sonnenstrahlen, die durch die großen Bogenfenster fallen, den Raum in ein schummrig-schönes Licht – ein Lokal mit Geschichte und Flair.

Die heutige Besitzerin, Eva Schneider, war 27 Jahre als Gastronomin in Griechenland tätig. Das Gasthaus hat sie 2019 übernommen, zu einem denkbar ungünstigen Zeitpunkt. Aber das Tier, das dem Lokal den Namen gab, ist ja bekanntlich äußerst widerstandsfähig.

Adresse Balduinstraße 40, 66606 St. Wendel | **ÖPNV** DB, Haltestelle St. Wendel, 7 Minuten zu Fuß | **Anfahrt** A1, Ausfahrt Tholey, über Tholey nach St. Wendel | **Öffnungszeiten** Reservierungen: Tel. 06851/7525 | **Tipp** Auch die ebenfalls im 17. Jahrhundert erbaute Felsenmühle (Kelsweilerstraße 54) wurde als Restaurant mit historischer Ausstattung ausgebaut.

92 Das Pumpenhaus

Wo Kallenbach und Klinkenbach im Stau stehen

Bei Industriebauten wurde im 19. Jahrhundert nicht gekleckert, sondern geklotzt. Funktionalität und Ästhetik gingen häufig eine glückliche Liaison ein. So ließ der preußische König Friedrich Wilhelm IV. in den 1840er Jahren ein Pumpenhaus an der Havel errichten, das die Fontänenanlage am Schloss Sanssouci mit Wasser versorgte. Es wurde aber nicht, wie heute üblich, als einförmiger Steinkasten realisiert, sondern im Stile einer maurischen Moschee mit einem Minarett als Schornstein.

So weit ging man im Saarland des 19. Jahrhunderts zwar nicht, aber ein historisches Pumpenhaus gibt es auch hier. Es wurde 1908 erbaut und steht in Heiligenwald, am Itzenplitzer Weiher – besser gesagt: im Itzenplitzer Weiher. Dort liegt es malerisch in den See und die angrenzende Baumreihe eingebettet und ist nur durch einen kleinen Steg mit dem Festland verbunden. Funktionalität und Ästhetik sind auch hier kein Widerspruch. Doch wozu diente dieses nette Pumpenhäuschen?

In unmittelbarer Nähe des Weihers liegt die Grube Itzenplitz, wie so oft benannt nach einem preußischen Minister. Sie sollte durch eine Bahnstrecke mit der benachbarten Grube Reden verbunden werden. Um die Trasse vor den Hochwassern des Kallen- und des Klinkenbachs zu schützen, wurde ein Damm errichtet, die Bäche gestaut. Mit dem Wasser wurden die Dampfmaschinen der Gruben angetrieben, außerdem konnte man die gehobenen Grubenwässer in den neu entstandenen Weiher leiten.

Mittlerweile bildet er das Zentrum eines Naherholungsraums, der mehrere Weiher über ein gut 50 Kilometer langes Wegenetz verbindet. Ein gelungenes Beispiel für die Transformation ehemals bergbaulich genutzter Flächen. Apropos Naherholung: Am Itzenplitzer Weiher findet regelmäßig zur Jahreswende das Neujahrseisbaden statt. Neben den Profis der »Merchweiler Seelöwen« steigen dabei auch blutige Laien ins eisige Wasser.

Adresse Am Itzenplitzer Weiher, 66578 Schiffweiler | ÖPNV Bus 307, Haltestelle Heiligenwald/Kaiserstraße, 5 Minuten Fußweg | Anfahrt A8, Ausfahrt Friedrichsthal, Richtung Merchweiler, Abzweig nach Heiligenwald (Itzenplitzer Straße), dort rechts zum Weiher | Öffnungszeiten ganzjährig | Tipp Erst ein Getränk in der Weiherklause, dann zur Grube Itzenplitz, wo das älteste erhaltene Fördergerüst (1886) des Saarlands steht.

93 Die Bettinger Mühle

Ökostrom und mennonitische Müller

Im Jahr 1978 schien eine über 700-jährige Geschichte zu Ende zu gehen. Der letzte Müller der Bettinger Mühle in Schmelz, die 1246 erstmals urkundlich erwähnt wird, stellt den Betrieb aus Altersgründen ein. Das Mühlrad am rauschenden Bach klappert nicht mehr.

Das sollte sich im Jahr 1994 ändern. Der »Verein zur Erhaltung der Bettinger Mühle«, der sich ein Jahr zuvor gegründet hat, beginnt mit den ersten Renovierungsmaßnahmen. Nach und nach wurden das Haupthaus und die daran anschließenden Gebäude in den ursprünglichen Zustand gebracht. Der Mühlenkanal wurde neu befestigt und auf der dahinterliegenden Insel eine Feldscheune und ein Grillplatz errichtet. Auch das alte Mühlrad wurde repariert und 1996 wieder in Betrieb genommen. Heute klappert es also wieder, allerdings nicht zum Getreidemahlen, sondern zur Energieerzeugung. Derzeit liefert es etwa 10 kW/h reinsten Ökostrom.

Neben dem »Technikmuseum« im Mühlengebäude gibt es ein weiteres Museum im Gesindehaus, die sogenannte »Mennonitenstube«. Mennoniten sind eine evangelische Glaubensgemeinschaft in der Tradition der Täufer, das heißt, die Taufe wird erst dann vollzogen, wenn man sich bewusst dafür entscheiden kann. Seit dem Beginn des 19. Jahrhunderts wurde die Bettinger Mühle von den Mennonitenfamilien Scherz, Oesch und Nafziger betrieben. Deren Nachfahren kauften die Mühle im Jahr 1908. Das Museum erinnert an die Geschichte der Mennoniten im Schmelzer Raum, die bei ihren überwiegend katholischen Nachbarn nicht immer auf Toleranz stießen. Zahlreiche Exponate dokumentieren die Probleme, die es im alltäglichen Zusammenleben gab. Die meisten davon hätten wohl vermieden werden können, hätte sich die katholische Mehrheit etwas intensiver mit der Bibel befasst, in der geschrieben steht: »Warum siehst du den Splitter im Auge deines Bruders, aber den Balken in deinem Auge nimmst du nicht wahr?« (Matthäus 7,4).

Adresse Hüttersdorfer Straße 29, 66839 Schmelz | ÖPNV Bus 466/468, Haltestelle Bettinger Mühle, 5 Minuten Fußweg | Anfahrt A1, Ausfahrt Eppelborn oder Tholey, über Lebach, in Schmelz hinter der Brücke im Kreisel links (Hüttersdorfer Straße) oder A8, Ausfahrt Nalbach | Öffnungszeiten Mennonitenstube: Mo–Fr 9–12 Uhr; Führung auf Anfrage (Tel. 06887/888654) | Tipp Jährlich findet an der Mühle ein Kunsthandwerkermarkt statt, im Sommer auf der Insel Konzerte.

94 Die Kristallsalz-Scheune

Sole-Nebel im Dorf am Himmel

Dieser Ort in ist in mehrfacher Hinsicht ungewöhnlich. Schon der Weg in den abgelegenen Schmelzer Ortsteil Auschet ist ein wenig märchenhaft. Von der kaum erkennbaren Abzweigung an der Hauptstraße zwischen Limbach und Schattertriesch führt ein langes, kurviges Sträßchen den Berg hinauf. Man erwartet eigentlich nichts mehr, bis man schließlich wieder aus dem Wald herauskommt und auf eine kleine Siedlung stößt: Auschet oder »auf Bammerschd«, wie die Einheimischen sagen, oder auch das »Dorf am Himmel«, so bezeichnet es Petra Bacus-Leinweber, die Besitzerin der Kristallsalz-Scheune.

Gerade mal 18 Häuser umfasst der kleine Weiler, eines davon haben Bacus-Leinweber und ihr Partner liebevoll restauriert. Direkt gegenüber liegt die alte Scheune. Türen und Tore sind mit viel Liebe zum Detail gestaltet, überall sind kleine, bunte Kunstwerke angebracht. Und im Inneren des Gebäudes wird es noch farbenfroher. Sämtliche Facetten des Lichtspektrums schimmern einem aus gemütlichen, von angenehmen Klängen umwehten Sitzecken entgegen. Auch im sogenannten Salzraum. Hier kann man sich auf einer Salzliege im wahrsten Sinne des Wortes umnebeln lassen. Aus einem entsprechenden Gerät wird ein feiner salzhaltiger Sprühnebel in die Luft geblasen, während man von angenehmen Lichteffekten umschmeichelt wird. Ob man an die Heilkraft der Salze glaubt oder nicht, gemütlich ist es allemal. Auch in der Kaminecke, die in ihrer Farbenpracht fast schon eine psychedelische Wirkung entfaltet. Bewusstseinserweiternde Drogen gibt es allerdings keine, es sei denn, man zählt Bier, Wein und Whisky dazu.

Klar: Die Kristallsalz-Scheune ist nicht nur ein Hobby, hinter alldem steckt eine klare Geschäftsidee. Ob man die zahlreichen Angebote vor Ort annehmen möchte oder nicht, bleibt dem Besucher überlassen. Aber es ist definitiv ein Ort, den man einmal gesehen haben sollte.

Adresse Auscheter Straße 10, 66839 Schmelz | ÖPNV Bus 467, Haltestelle Auscheter Straße, Schattertriesch, Fußweg 15 Minuten | Anfahrt von der B268 zwischen Schmelz und Michelbach Abzweig nach Limbach, hinter Schattertriesch links in die Auscheter Straße, im Ort rechts | Öffnungszeiten Sa 11–18 Uhr oder auf Anfrage (Tel. 06887/304456) | Tipp Der Steinbruch bei Schattertriesch ist der größte des Landes. Zugang zur Aussichtskanzel am »Erzgräberweg« von der Marienkapelle (Auf Renges).

95 Das Hofgut Imsbach

Wechselvolle Geschichte einer Grenzregion

Die Geschichte des Hofguts Imsbach spiegelt viele der Ereignisse wider, die die Saarregion in den letzten Jahrhunderten geprägt haben: häufig wechselnde Besitzer und Besatzer, noch häufiger wechselnde Grenzen, Zerstörung und Wiederaufbau, althergebrachte Strukturen, die sich auflösen und in neue Strukturen umgewandelt werden.

40 Jahre nach seiner ersten urkundlichen Erwähnung im Jahre 1310 fällt das Lehen Imsbach wüst, vermutlich infolge einer Pestepidemie. 1585 taucht zum ersten Mal der Name »Hofgut Imsbach« auf. Während des Dreißigjährigen Krieges wird es zerstört und erst 1715 wiederaufgebaut. Das alte Hofhaus datiert aus dieser Zeit. Gut zwanzig Jahre später geht das Herzogtum Lothringen, zu dem die Imsbach gehört, in den Besitz des Polenkönigs Stanislaus über.

Nach mehrfach wechselnden Besitzern wird das Gut von napoleonischen Truppen akquiriert und gehört fortan zur Mairie Theley im Département Sarre. Napoleon Bonaparte höchstpersönlich schenkt es im Jahre 1812 einem verdienten Offizier, Charles Louis Narcisse Lapointe. Der erweitert den Hof um ein schlossartiges Wohnhaus, das auch heute noch das Zentrum des Ensembles bildet. Lapointe bleibt auf der Imsbach bis zu seinem Tod im Jahre 1855.

Nach dem Sturz Napoleons fällt das Hofgut an den Herzog von Oldenburg. Danach passiert lange nichts. 1937 fällt es an die preußische Rheinprovinz. Nach dem Zweiten Weltkrieg wird es der französischen Besatzungszone unterstellt und bleibt bis 1955 Teil des autonomen Saargebietes. Mitte der 1960er Jahre wird die Imsbach wieder an Landwirte verpachtet. Die Gebietsreform 1974 schlägt es schließlich der Gemeinde Theley zu, und dies ist der Status quo. 1987 wurde das Hofgut in ein Ökologiezentrum umgewandelt.

Nach 700 Jahren mit wechselnden Besitzern und Besatzern, Zerstörung und Wiederaufbau wurden jetzt auch die althergebrachten Strukturen des Hofguts in neue umgewandelt.

Adresse Imsbach 1, 66636 Theley | Anfahrt A1, Ausfahrt Primstal, nach links Richtung Tholey, kurz vor Ortseinfahrt Theley links ab, circa 1 Kilometer durch den Wald | Öffnungszeiten Restaurant Mi–Sa ab 16 Uhr, sonn- und feiertags ab 12 Uhr (Tel. 06853/856970) | Tipp Nur knapp 10 Minuten zu Fuß entfernt liegt die Johann-Adams-Mühle, eines der letzten erhaltenen Mühlenanwesen im Saarland. Sie beherbergt ein Museum und einen Gasthof (Di–So ab 10 Uhr, 06853/961696).

96 Das Kloster St. Mauritius

Zwölf Brüder und drei Richter-Fenster

Die Thebaische Legion ist eine sagenumwobene Abteilung des römischen Heeres. Alle ihre Soldaten sollen im 3. Jahrhundert den Märtyrertod erlitten haben. Ihr Anführer war angeblich Mauritius, der in der katholischen Kirche als Heiliger verehrt wird. Ein römischer Heerführer als Namenspatron eines christlichen Klosters? Klingt seltsam, macht aber Sinn, denn Kloster und Kirche stehen auf den Fundamenten einer römischen Poststation. In deren Ruinen richtete sich im 7. Jahrhundert eine Mönchsgemeinschaft ein. Sankt Mauritius gilt daher als das älteste Kloster auf deutschem Boden.

Bis heute steht die Abteikirche an derselben Stelle. Doch auch sie hat eine lange Geschichte, die weit über die Entstehungszeit ihrer barocken Turmhaube zurückreicht. Vor dem Rathaus befindet sich eine Säule, die von einem römischen Kapitell und einem Kreuz abgeschlossen wird. Das Kreuz stammt aus der Gegenwart, das Kapitell wurde im heutigen Hauptchor gefunden. Es gehörte zum Fundament eines Chores, der vor der Mitte des 9. Jahrhunderts erbaut wurde – die Keimzelle der heutigen Kirche.

Während der Französischen Revolution wurde das Kloster aufgelöst und erst 1949 neu besiedelt. Gut 70 Jahre später leben hier noch zwölf Mönche, doch trotz dieser gering anmutenden Zahl tut sich immer noch viel in der und um die Abtei herum. Der neu angelegte Klostergarten ist mittlerweile vollendet, und auch das Innere der Abteikirche wurde umfänglich restauriert, weshalb sie jetzt wieder in hellem Glanz erstrahlt. Und: Im Jahr 2020 haben die drei neuen Chor-Fenster ein kulturelles Beben im Saarland ausgelöst. Sie stammen von dem weltweit bekannten Künstler Gerhard Richter aus Köln. Abstrakte Motive, die auf ein Bild aus seinem Buch »Patterns« zurückgehen. Neben dem Fenster im Kölner Dom sind sie die einzigen Kirchenfenster, die Richter jemals entworfen hat. Große Kunst im kleinen Tholey.

Adresse Im Kloster 11, 66636 Tholey | ÖPNV Bus R4, Haltestelle Rathausplatz | Anfahrt A1, Ausfahrt Sotzweiler/Tholey, in Tholey auf der Metzer Straße bis Im Kloster | Öffnungszeiten Führungen auf Anfrage (Tel. 06853/920840), Übernachtung im Gästehaus St. Lioba (Tel. 06853/910423) | Tipp Auch das benachbarte kulturhistorische Museum »Theulegium« ist einen Besuch wert (Tel. 06853/50880).

97__Der Schaumbergturm

Muntere Baugeschichte auf dem Gipfelplateau

Der Schaumberg bei Tholey (569 Meter) ist auf große Entfernung sichtbar, weil er aus einer vergleichsweise flachen Umgebung herausragt. Auch deshalb nennt man ihn den »Hausberg des Saarlandes«. Die Kelten haben auf dem Berg eine Fliehburg errichtet, die Römer eine Signalwarte und die Grafen des Bliesgaus die Schauenburg (um 1200), die durch Zusammenziehung zur Schaumburg wurde und so dem Berg seinen Namen gab.

Von dieser Tradition ständig wechselnder Bauwerke ließ man sich auch beim Turmbau inspirieren. Den Anfang machte ein Holzturm (wahrscheinlich 1895–1914), danach wurde mit dem Bau des Kaiser-Wilhelm-Turms begonnen. Seiner Grundsteinlegung im Juni 1914 folgte der Erste Weltkrieg, der den Weiterbau des Turmes verhinderte. Stattdessen wurde ab 1928 ein neuer Turm mitsamt Kapelle errichtet, der als Ehrenmal für die Gefallenen des Krieges fungierte und immerhin bis in die 1970er Jahre hielt. Dann sollte er durch den nächsten Turm ersetzt werden, der nunmehr als Denkmal für die Gefallenen beider Weltkriege geplant war. Doch ein bereits prämierter Entwurf wurde nie realisiert. Für den Turm in seiner heutigen Form wurde der vorherige zum Teil demontiert, mit einem Betonmantel versehen und auf die frühere Höhe von 36 Metern aufgestockt. Realisiert wurde auch das Ehrenmal für die Gefallenen: eine Bronzeplastik und ein zweigeteilter Altar im Torbogen, gestaltet vom Lebacher Künstler Richard Hoffmann.

Doch der Turm gab noch immer keine Ruhe, ab Mitte 2010 musste erneut saniert werden. Seit seiner neuerlichen Eröffnung kann man auch wieder auf die Aussichtsplattform, über das neu angebaute Treppenhaus oder bequem und barrierefrei mit dem Aufzug. Die Belohnung bei gutem Wetter: eine Aussicht vom Hunsrück bis nach Lothringen. Mit etwas Glück hört man dann auch noch einen tiefen Hörnerklang. Die »Hasborner Alphornbläser« nutzen das Areal neben dem Turm öfters zum Üben.

Adresse Am Schaumberg, 66636 Tholey | **ÖPNV** Bus 619, Haltestelle Schaumbergbad | **Anfahrt** A1, Ausfahrt Tholey, im Zentrum links (beschildert), Parkplatz unterhalb des Turms; vom Marktplatz führt ein Fußweg zum Turm (Einstieg Im Matzenecken) | **Öffnungszeiten** 15. März – 1. Nov. Mo 11 – 21 Uhr, Di–So 10 – 21 Uhr, 2. Nov. – 15. März 11 – 17 Uhr (Info: Tel. 06853/5020090) | **Tipp** Die Schaumberg-Alm direkt neben dem Turm ist das höchstgelegene Gasthaus des Saarlandes (Tel. 06853/9618333).

98 Das Wortsegel

Der stählerne Koloss im Schaumbergland

Der saarländische Künstler Heinrich Popp (*1944 in Sotzweiler) hat einiges geleistet. Neben seinem künstlerischen Schaffen und zahlreichen Ausstellungen hat er diverse Dozententätigkeiten durchlaufen, unter anderem zwei Professuren an der Fachhochschule des Saarlandes und der Hochschule für Bildende Künste. Nebenbei arbeitete Popp mehrere Jahre als Grafik-Designer bei MBB (der späteren DASA), wo er das Corporate Design für den Gesamtkonzern entwickelte.

Von 1997 bis 2004 hat Heinrich Popp aber noch etwas anderes geschaffen, etwas – im wahrsten Sinne des Wortes – Großes: das »Wortsegel«, eine 13 Meter hohe und 30 Tonnen schwere »Stahlskulptur für Poesie«, die dem saarländischen Lyriker Johannes Kühn gewidmet ist. Der wiederum bedankte sich dafür mit dem Gedicht »Wolke berührt es«. Die Großplastik ist ein Geschenk Popps an seine Heimatgemeinde Sotzweiler. Dort thront das »Wortsegel« auf einer Anhöhe, dem Spitzhügel, und es ist eine der beeindruckendsten Skulpturen im nicht gerade skulpturenarmen Saarland. Egal, aus welcher Richtung und zu welcher Jahres- oder Tageszeit man diese, trotz ihrer Größe anmutige Stahlkonstruktion betrachtet, sie zeigt einem immer neue, atemberaubende Perspektiven.

Die Gemeinde Tholey organisiert seit mehreren Jahren den Wortsegel-Schreibwettbewerb für Schüler. Von der guten Resonanz, die der Wettbewerb bisher erfahren hat, erhofft man sich, dass das »Wortsegel« und damit auch das Werk des Tholeyer Ehrenbürgers Kühn noch bekannter werden. 2021 sollte der Wettbewerb an 1.700 Jahre jüdische Kultur in Deutschland erinnern, und so stellte man drei jüdische Lyrikerinnen des 20. Jahrhunderts in den Mittelpunkt: Else Lasker-Schüler, Rose Ausländer und Nelly Sachs. Die dichtete einst: »Wir Wandernde / Unsere Wege ziehen wir als Gepäck hinter uns her«. Einer dieser Wege sollte uns Wandernde unbedingt am Wortsegel vorbeiführen.

Adresse Zum Schaumbergkreuz, 66636 Sotzweiler | ÖPNV Bus R4/666, Haltestelle Sotzweiler/John | Anfahrt A1, Ausfahrt Tholey, rechts nach Sotzweiler, an der Kirche links, 800 Meter auf Feldweg, Parken im Ort | Öffnungszeiten ganzjährig | Tipp Hier startet ein 8 Kilometer langer Wanderweg, der am Schaumbergkreuz vorbeiführt. Es befand sich früher in der Kriegergedächtniskapelle im Schaumbergturm, auch ein Ziel der Wanderung.

99 Die Sendeanlage Felsberg

Wo die Franzosen »Wellen machten«

Die Jahre zwischen 1947 und 1957, in denen die Saar als autonomes Gebiet an Frankreich angegliedert war, haben das Land auch architektonisch geprägt. Ein optisch sehr prägnanter Bau aus dieser Zeit ist die ehemalige Sendeanlage (1954) des französischen Senders »Europe 1« eine fulminante Spannbetonkonstruktion mit geschwungenem Dach und großen verglasten Außenflächen.

»Europe 1« war die einzige französische Rundfunkstation, die von Deutschland aus sendete, auch wenn die Grenze nur knapp 500 Meter entfernt ist. In den 50er Jahren plante die französische Verwaltung, im Saarland den kommerziellen Fernsehsender »Telesaar« zu installieren. Tatsächlich ging dieser 1954, am Tag vor Heiligabend, zum ersten Mal on air, von einer kleinen Sendeanlage auf dem Saarbrücker Eschberg. Allerdings in französischer Fernsehnorm, weshalb das Programm nur die Zuschauer mit französischen Fernsehgeräten empfangen konnten. Um das Nischenprojekt finanziell abzusichern, wurde dem reichweitenschwachen Fernsehsender ein reichweitenstarker Radiosender zur Seite gestellt. Mit 2.000 Kilowatt Sendeleistung war »Europe 1« einer der stärksten Rundfunksender weltweit.

Mit dem Anschluss des Saarlandes an die BRD nahte auch das Ende von »Telesaar«. Im März 1958 verfügte man die Schließung, »Europe 1« hingegen existierte weiter. Bis Mai 2014 gehörte der Sender dem französischen Mischkonzern Lagardère, danach einer RTL-Tochter. Am 31. Dezember 2019 war dann endgültig Sendeschluss. Mittlerweile sind auch die vier Sendemasten gesprengt.

Seit dem 1. Oktober 2016 ist die Gemeinde Überherrn Besitzer der historischen Anlage, Der damalige Bürgermeister Bernd Gillo hatte durchgesetzt, dass die Gemeinde den Bau (im Volksmund auch als »Gillodrom« bekannt) trotz ihrer hohen Verschuldung übernimmt. Sein Traum, die alte Sendehalle der Öffentlichkeit zugänglich zu machen, bleibt hoffentlich nicht nur ein Traum.

Adresse Ittersdorfer Straße, 66802 Felsberg | Anfahrt A620, Ausfahrt SLS-Mitte, durch Oberfelsberg Richtung Metz, links Richtung Berus, dann circa 2 Kilometer auf der Kreisstraße | Öffnungszeiten außen ganzjährig | Tipp Von der Burgruine Teufelsburg hat man eine phantastische Aussicht. Herrlicher Fußweg von Oberfelsberg aus, aber auch über die Teufelsburgstraße in Unterfelsberg erreichbar (frei zugänglich).

100__Das Alte Rathaus

Stilmix unter Denkmalschutz

In der Völklinger Innenstadt hebt sich ein Gebäude eklatant von seiner Umgebung ab: das Alte Rathaus. Es wurde 1876 fertiggestellt – nach nicht einmal zwei Jahren Bauzeit. Heute unvorstellbar. Nachdem in den 1850er Jahren der Amtssitz des damaligen Bürgermeisters in dessen Wohnhaus verlegt worden war, beschloss der Gemeinderat gut 20 Jahre später den Bau eines Rathauses. Das zweigeschossige Gebäude im klassizistischen Stil wurde zunächst ohne den charakteristischen Turm errichtet, der erst zwischen 1905 und 1907 hinzukam. Er war nötig geworden, weil kein genügend großer Raum für die Ratssitzungen vorhanden war, die daher in einem benachbarten Wirtshaus stattfinden mussten. Der Plan für die Erweiterung wurde bereits 1893 gefasst, bis zu seiner Vollendung vergingen allerdings 14 Jahre. Das klingt schon eher nach Gegenwart – in der immer noch die beiden Glocken, die damals im Turm angebracht wurden, erklingen.

Durch seine Bauhistorie hat sich am und im Alten Rathaus ein wilder Stilmix entwickelt. Es finden sich barocke Reminiszenzen, aber auch Elemente aus dem Jugendstil, allen voran das imposante, auch von außen gut erkennbare Hochzeitsfenster des Trauzimmers.

Im Innern des Gebäudes, in dem heute Volkshochschule und Stadtbücherei beheimatet sind, gibt es weitere »Schätzchen«: den alten Ratssaal mit seinen prächtigen Stuckverzierungen oder das martialische Gemälde von Carl Röchling aus dem Jahr 1908, das die Schlacht um die Spicherer Höhen am 6. August 1870 thematisiert.

Nach der Fertigstellung des neuen Rathauses Anfang der 1970er Jahre sollte das alte, mittlerweile ohne Turmspitze, der damaligen Abrisswut zum Opfer fallen. Man besann sich aber eines Besseren, stellte das Gebäude unter Denkmalschutz und renovierte es. Mitsamt neuer Turmspitze. Mittlerweile muss auch der Turmaufbau des neuen Rathauses saniert werden. Geschichte wiederholt sich also doch manchmal.

Adresse Rathausstraße 2, 66333 Völklingen | ÖPNV DB, Haltestelle Völklingen, auf Rathausstraße 10 Minuten zu Fuß | Anfahrt A620, Ausfahrt Völklingen, Richtung Völklingen/Püttlingen | Tipp 5 Minuten fußläufig entfernt liegt die Mühlgewannschule (Marktstraße 20). Das Gebäude wurde 1906 im Jugendstil erbaut, die Schule 2016 geschlossen.

101 Der »Hüttenmann«

Kunst neben dem Weltkulturerbe

Das Weltkulturerbe Völklinger Hütte ist unbestritten eine der größten Sehenswürdigkeiten des Saarlandes, mithin kein Thema für dieses Buch. Anders ist es bei der großen Freifläche neben dem Eingang, dem Völklinger Platz. Er wurde für gut zweieinhalb Millionen Euro hergerichtet und 2008 eingeweiht. Damals hieß es, er solle die Stadt städtebaulich und touristisch aufwerten, diese Idee scheint aber nicht aufgegangen zu sein. Dazu gibt es Pläne, den Hütteneingang an den historischen Wasserhochbehälter zu verlegen. Diese Maßnahme soll die Hütte besser mit der Innenstadt verbinden und diese attraktiver für Besucher machen. Den Völklinger Platz hingegen würde es weiter entwerten.

Was ihn definitiv *auf*wertet, ist die Skulptur »Völklinger Hüttenarbeiter« (im Volksmund: »der Hüttenmann«), die, salopp gesagt, »echt knallt« – durch ihre Höhe von über sechs Metern, aber vor allem durch die knatschorange Farbgebung. Sie wurde 2018 von dem Frankfurter Künstler Ottmar Hörl zur Eröffnung seines Projekts »Second Life – 100 Arbeiter« errichtet. Hörl, der vor allem durch seine Großprojekte mit »Promi«-Skulpturen (Marx, Beethoven, Luther) einer breiten Öffentlichkeit bekannt wurde, verteilte damals 100 Skulpturen von Hüttenarbeitern über das Gelände des Weltkulturerbes. Figürlich gleich, aber in verschiedenen Farben und deutlich kleiner als ihr Kollege auf dem Völklinger Platz. Eine Einladung an den Betrachter, über das Thema Arbeit und Arbeitsverlust nachzudenken.

Der Hüttenmann schaut auf eine weitere Großskulptur, »Prometheus«, die Hörls französischer Kollege Arman geschaffen hat. Sie wurde, anlässlich der Prometheus-Ausstellung 1999, auf das Zentrum eines kleinen Kreisverkehrs platziert und besteht aus drei großen, miteinander verbundenen Stahlelementen, die ein halbes Cello und ein Zahnrad zeigen. Ein Verweis auf die Industriegeschichte und Armans Faible für Musik.

Adresse Völklinger Platz, 66333 Völklingen | **ÖPNV** DB, Haltestelle Völklingen, kurzer Fußweg | **Anfahrt** A620, Ausfahrt Völklingen-Wehrden oder Ausfahrt Völklingen-Geislautern, der Beschilderung »Weltkulturerbe«/«Parkplätze« folgen | **Öffnungszeiten** ganzjährig | **Tipp** Gegenüber vom Völklinger Platz befinden sich, direkt vor der Hochofengruppe der Hütte, der Biergarten Bistro B 40 und das Café Umwälzer (Tel. 06898/914455).

102 Die Versöhnungskirche

Hermann Röchlings sakraler Nachlass

Die Familie Röchling hat den Bau der Völklinger Versöhnungskirche (1926–1928) mit einem Darlehen von 250.000 Mark unterstützt, um ein »nationales Denkmal für den Protestantismus« zu schaffen. Im Innenraum beeindrucken die aus 3.500 Kassetten bestehende Kuppel und das riesige Deckenfresko, in das ein Porträt des Patriarchen Hermann Röchling eingearbeitet wurde. Dieses Detail zeigt, dass Röchling fast wie ein Heiliger verehrt wurde, und gleichzeitig seinen Hang zur Selbststilisierung.

Nachdem er im Jahr 1898 die Völklinger Hütte übernimmt, steigt Röchling zu einem der bedeutendsten Rüstungsfabrikanten auf. Von seinen Anhängern wird er als »König der Saar« gefeiert, von seinen Gegnern als Kriegstreiber kritisiert. Nach dem Ersten Weltkrieg wird Röchling von einem französischen Militärgericht zu zehn Jahren Zuchthaus verurteilt, allerdings in Abwesenheit, weshalb er 13 Jahre lang sein Abgeordnetenmandat im Landesrat des Saargebiets wahrnehmen kann. Mit Macht plädiert das spätere NSDAP-Mitglied Röchling dort für den Anschluss der Saar an das Deutsche Reich. Bereits 1933 schlägt er Hitler vor, das Saargebiet zu annektieren, damit es nicht zu einem »jüdischen Nationalpark« verkommt. Nach der Kapitulation taucht Röchling unter. Später wird er verhaftet, an Frankreich ausgeliefert und zu sieben Jahren Haft verurteilt. Zwar wird er schon 1951 wieder entlassen, aber die Strafminderung hat einen Haken: Röchling darf das Saarland nie wieder betreten. Er fügt sich in sein Schicksal und stirbt im Alter von 82 Jahren in Mannheim.

In und an der Versöhnungskirche bleibt Röchling jedoch präsent, zum Beispiel durch zwei Statuen an der Giebelseite, die in seinem Werk gegossen wurden: ein Soldat mit Handgranate, der sich schützend vor einen verwundeten Kameraden stellt. Die Pfarrgemeinde hat die umstrittene Skulptur bewusst an ihrem Platz gelassen, als Mahnmal gegen den Krieg.

Adresse Giebelseite: Poststraße 52, 66333 Völklingen | ÖPNV DB, Haltestelle Völklingen; Bus 184/190, Haltestelle Kreppstraße | Anfahrt A620, Ausfahrt Völklingen, rechts auf Karolingerstraße, über Hohenzollern- und Danzigerstraße | Öffnungszeiten auf Anfrage im Pfarrbüro (Tel. 06898/22137) | Tipp Gegenüber der Giebelseite befindet sich das Pfarrhaus mit der Inschrift: »Erbaut im Jahre der Saarbefreiung (!) 1935«.

103 Die Hugenottenkirche

Religiöse Verfolgung und calvinistische Strenge

Aubertin, Bachelier, Duval … Wer das Telefonbuch der Gemeinde Ludweiler aufschlägt, kann anhand der Familiennamen erkennen, dass die Geschichte des Ortes eng mit der Geschichte der Hugenotten verknüpft ist. Die Hugenotten sind calvinistisch geprägte Protestanten, weshalb sie im katholischen Frankreich seit jeher verfolgt wurden. In der berüchtigten Bartholomäusnacht, am 24. August 1572, werden Tausende von Glaubensgenossen ermordet.

Obwohl es ihnen verboten wird, fliehen die Hugenotten in alle Welt, und so gelangen sie Anfang des 17. Jahrhunderts auch in den Warndt. Im Jahr 1604 lassen sich zwölf Familien aus Creutzwald an der »Rixfurth im Warneth« nieder. Am 8. Juni desselben Jahres unterzeichnet Graf Ludwig II., der sich ökonomisch einiges von den Emigranten verspricht, die Gründungsurkunde des Dorfes Ludwigsweiler. Das spätere Ludweiler ist somit die älteste hugenottische Gründung auf linksrheinischem deutschem Gebiet und zudem die einzige französisch-reformierte Pfarrgemeinde im Saarland.

Die Hugenotten bringen das Glasbläserhandwerk mit. Schon 1616 gründen sie die erste Hütte und werden so zu Pionieren der Glasindustrie an der Saar. Im 18. Jahrhundert ist Ludweiler das religiöse Zentrum der Hugenotten von Ostlothringen und Saarlouis. Seit 1786 treffen sich die Gläubigen in dem neu errichteten Gotteshaus, der heutigen Hugenottenkirche – ein Beispiel dafür, dass der Calvinismus nicht nur religiöse, sondern auch architektonische Strenge implizierte. Heute verfügt sie – anders als im Originalzustand – über eine Stumm-Orgel und einen Kirchturm. Er kann auf Anfrage besichtigt werden.

Die Hugenotten sind 400 Jahre nach der Gründung Ludweilers immer noch da. Papst Gregor XIII. würde sich im Grab umdrehen: Er ließ, nachdem er die Nachricht vom Massaker der Bartholomäusnacht erhalten hatte, zum Dank ein *Te deum* singen: »Gott, wir loben dich«.

Adresse Völklinger Straße 90, 66333 Völklingen | ÖPNV Bus 184/185, Haltestelle Ludweiler Kirche | Anfahrt A620, Ausfahrt Völklingen-Geißlautern, über Geißlautern | Öffnungszeiten auf Anfrage (Tel. 06898/4541) | Tipp Das Glas- und Heimatmuseum Warndt, Am Bürgermeisteramt 5, Mo–Fr 8.30–12 Uhr So 14–16 Uhr, kostenlose Führungen: So 14.30 Uhr (Tel. 06898/4480060).

104 Die Selimiye-Moschee

Interreligiöser Dialog in der Moschee »des Friedlichen«

Das Wort »Islam« bedeutet »Frieden, Sicherheit und Hingabe«. Passenderweise versammeln sich die Muslime im Völklinger Stadtteil Wehrden in einer Selimiye-Moschee, die ihren Namen in Erinnerung an die Moschee Selims II. in Edirne trägt. »Selim« bedeutet »der Friedliche«. Obwohl die Wehrdener Moschee, die früher ein Kino war, nur den Namen mit dem prachtvollen Original gemeinsam hat, lieben die Gemeindemitglieder ihr Gotteshaus, denn ein muslimisches Sprichwort sagt: »Die Schönheit einer Kirche bestimmen die Gläubigen.«

Rechter Hand vom Eingang liegt ein kleines Café, die Moschee ist auch ein sozialer Treffpunkt. Das obligatorische Ritualbad vor dem Gebet wird in einem Raum im Keller mit Waschbecken und Duschen vorgenommen. Der zentrale Ort ist der Gebetsraum, auch Mescit, die kleine Moschee, genannt. Der Raum wirkt aber überraschend groß, weil er mit Ausnahme des riesigen Kronleuchters relativ karg eingerichtet ist.

An der nach Osten liegenden Wand befindet sich die Mihrab, eine gewölbte, bläulich gekachelte Nische, die die Gebetsrichtung nach Mekka angibt. Rechts davon steht eine hölzerne Kanzel, der Minbar. Der Überlieferung nach musste Mohammed zu einer immer größeren Schar von Gläubigen sprechen und dazu auf eine Leiter steigen. Der Imam predigt immer nur von der vorletzten Stufe des Minbar, die letzte bleibt symbolisch dem Propheten vorbehalten.

In den letzten Jahren wurde die Moschee massiv umgestaltet: Jetzt gibt es ein acht Meter hohes Minarett und zwei Kuppeln auf dem Dach. Und noch etwas hat sich verändert: Im April 2020 hat die muslimische Gemeinde, in Absprache mit den christlichen Kirchen, gleichzeitig mit dem Läuten zum Gebet gerufen. »So verschieden Glockenläuten und islamischer Gebetsruf auch klingen mögen«, meinte der Interreligiöse Dialogkreis Völklingen, »so sehr zeigen beide, dass wir als Menschen vor Gott einander angewiesen sind.«

Adresse Schaffhauser Straße 8, 66333 Völklingen | ÖPNV DB, Haltestelle Völklingen, Bus 184/186, Haltestelle Wehrden/Brücke | Anfahrt A620, Ausfahrt Völklingen-Wehrden, links in Schaffhauser Straße | Öffnungszeiten jedes Jahr am 3. Okt. beim Tag der Offenen Moschee oder auf Anfrage (Tel. 06898/21380) | Tipp An der Mündung der Rossel bei Wehrden konnte man früher die Saar leicht überqueren. Um die gegenüberliegende Völklinger Hütte zu besichtigen, nimmt man heute aber besser die Brücke.

105 Das Schloss Münchweiler

Barocker Familienbesitz seit acht Generationen

Zwischen Nunkirchen und Losheim liegt, am Ende einer langen Kastanienallee, ein architektonischer Schatz: Schloss Münchweiler. Es ist das einzige vollständig erhaltene Barockschloss im Saarland.

Im Jahr 1724 gründet Freiherr Emmerich Carl Josef Zandt von Merl zu Weiskirchen an der Straße, die heute Nunkirchen mit Losheim verbindet, eine Eisenschmelze. Ein für damalige Verhältnisse riesiger Betrieb, der den Besitzer zu angemessener Repräsentation verpflichtet. Zwischen 1750 und 1752 errichten der Freiherr und seine zweite Ehefrau Agnes das Reichsrittergut Münchweiler in eigener architektonischer Regie, mit einer prächtigen Fassade, großen Stallungen und einem herrlichen Park.

In den Wirren der Französischen Revolution werden die von Zandts enteignet und das Schloss geplündert. Die Familie flüchtet, kehrt 1801 zurück und kauft den Franzosen den Besitz wieder ab. 40 Jahre später lasten hohe Schulden auf dem Gut, doch der Gläubiger ist ein vermögender Kaufmann, der eine heiratswillige Tochter hat. Ihre Vermählung mit René von Zandt löst für die Familie gleich zwei Probleme: Die Schulden sind getilgt, und auch die Erbfolge ist gesichert: dem Ehepaar sind neun Kinder vergönnt.

Nach dem Zweiten Weltkrieg halten Baronin Olga von Zandt und später ihre Nichte Brigitte von Hagke über viele schwierige Jahre den Familienbesitz. Sie öffnen das Schloss dem Fremdenverkehr, betreiben ein kleines Café und richten in Teilen des Schlosses Gästezimmer ein.

Der prächtige Bau erlebt indes einen rasanten Niedergang. Erst 1997 ist die Familie in der Lage, mit der Sanierung des Schlosses zu beginnen. Heute erstrahlt das Schloss in weiten Teilen wieder in altem Glanz. Als Hotel und Eventlocation. 2007 haben die von Hagkes auch das Café wiedereröffnet, im früheren Teesalon der Baronin Olga. Und so befindet sich Schloss Münchweiler seit nunmehr acht Generationen im Besitz derselben Familie.

Adresse Schloss Münchweiler, 66687 Wadern-Nunkirchen | ÖPNV Bus 225, Haltestelle Carl-Gottbill-Straße, 20 Minuten Fußweg | Anfahrt A620, Ausfahrt Merzig, über Losheim oder A1, Ausfahrt Primstal, über Nunkirchen, auf B268 Abzweig nach Münchweiler | Öffnungszeiten Info auf www.schloss-muenchweiler.de oder unter Tel. 06874/186820 | Tipp 1724 bis 1820 betrieb auch die Familie Gottbill ein Eisenwerk in Nunkirchen. Das ehemalige Verwaltungsgebäude (1730) in der Losheimer Straße steht noch.

106 Die Hochwaldalm

Alpine Gefühle bei Erbsenrollern und Eiersammlern

Wadrill ist der nördlichste Stadtteil von Wadern. Obwohl der Ort im Schwarzwälder Hochwald nur 330 Meter hoch liegt, kann er etwas aufbieten, was es sonst nur im alpinen Raum gibt: eine echte Alm.

Die Hochwaldalm liegt etwa zwei Kilometer außerhalb von Wadrill auf gut 560 Meter Höhe, unweit der Grenze zu Rheinland-Pfalz. Sie ist die einzige Jungvieh-Alm im Saarland. Traditionsgemäß werden die Jungtiere der Weidegenossenschaft Hochwald Anfang Mai auf die 18 Hektar große Alm getrieben. Bis Anfang der 1990er Jahre wurde auf ihr ein Bauernhof betrieben. Nach einem Brand, der das Gebäude vollständig zerstörte, wurde der Hof aufgegeben. Später wurde an gleicher Stelle eine Blockhütte errichtet, die ein ganzjährig geöffnetes Gasthaus beherbergt. Hier kann man vor allem im Sommer den herrlichen Blick in das Tal der Wadrill, eines Nebenflusses der Prims, genießen.

Wadrill ist der Ort der skurrilen Bräuche. Einer davon ist das sogenannte »Erbsenrad«, dessen Ursprünge vermutlich bis in die Keltenzeit zurückgehen. Am ersten Sonntag der Fastenzeit wird nach Anbruch der Dämmerung ein aus Stroh (ursprünglich aus Erbsenstroh) gewickeltes Rad in Brand gesetzt und anschließend von einer Anhöhe etwa 500 Meter weit bis in die Wadrill gerollt, wo es erlischt. Das brennende Rad soll die Wintergeister vertreiben und als Symbol der Sonne für eine gute (Erbsen-)Ernte sorgen. Der erste Fastensonntag wurde deshalb früher in Wadrill auch Erbsensonntag genannt.

Ein weiterer Brauch geht dem Erbsenrad am selben Tag voraus: das Eiersammeln. Die Helfer ziehen mit Schnaps und Likör durch den Ort und bitten an den Haustüren um Eier. Jeder Spender kriegt zum Dank für seine Hilfsbereitschaft ein Gläschen Hochprozentiges. Nachdem das Erbsenrad in der Wadrill ausgebrannt ist, werden die Eier im Pfarrhaus zubereitet und anschließend von den Brauchtumspflegern verspeist.

Adresse Zur Alm, 66687 Wadern-Wadrill | ÖPNV Bus 201/648, Haltestelle Hochwaldperle, 15 Minuten Fußweg | Anfahrt A1, Ausfahrt Nonnweiler, in Wadrill der Beschilderung folgen | Öffnungszeiten Do–Di 11–22 Uhr (Tel. 06871/507170) | Tipp In der Nähe liegt die Harteich-Hütte (sonn- und feiertags ab 10 Uhr, Mi ab 14 Uhr), mit Spielwiese, Grillstation und Waldlehrpfad.

107 Das Zeitungsmuseum

Schnellpressen und Setzmaschinen in der alten Abtei

Der Buchdruck war eine revolutionäre Erfindung. Er ermöglichte im ersten Drittel des 16. Jahrhunderts die schnelle und flächendeckende Verbreitung von Büchern, allen voran der Lutherbibel, und knappe hundert Jahre später das Entstehen von Zeitungen. Die erste, die »Relation« aus Straßburg, erschien bereits im Jahr 1605. Diese Information und viele andere zum Thema erhält man im Deutschen Zeitungsmuseum Wadgassen, das im Wirtschaftshof der alten Prämonstratenser-Abtei seine Heimat gefunden hat. Das Museum, das einzige seiner Art im deutschen Sprachraum, besitzt unter anderem eine bedeutende Sammlung historischer Zeitungsexemplare, die man in verschiedenen Schränken einsehen kann. Die Besucher bewegen sich innerhalb eines hervorragenden Leitsystems: Auf einem klar gegliederten Rundgang wird man durch drei Teilbereiche geführt: die Geschichte der Zeitung, Aspekte der Zeitungsherstellung und »Unsere Zeitung heute«.

Schon die Einführung ins Thema ist interessant und modern aufbereitet. Im ersten Raum wandelt man über einen Boden von Leuchttafeln, die Zitate zum Thema Zeitung aufscheinen lassen (»Eine Boulevardzeitung ist, wenn auf Seite 1 mehr Menschen sterben, als auf Seite 2 am Leben bleiben.«). Das erste Obergeschoss widmet sich dem Thema »Geschichte der Zeitung von ihren Anfängen bis 1962 (Spiegelaffäre)«, von der Frühphase der Zeitung über den langen Weg zur Pressefreiheit bis hin zur Presse im Dritten Reich und in der frühen BRD. Im Erdgeschoss kann man Exponate zum Herstellungsprozess von Papier und Zeitungen, alte Schnellpressen, Setzmaschinen und vieles mehr bewundern. Im letzten Ausstellungsbereich, »Unsere Zeitung heute«, laden Hands-on-Stationen zum Mitmachen und Lernen ein. Ein deutlicher Fingerzeig, dass das DZM nicht nur ein klassisches Museum, sondern auch ein moderner Lernort ist. Vor allem für Schulklassen gibt es spezielle Mitmachangebote.

Adresse Am Abteihof 1, 66787 Wadgassen | ÖPNV Bus 406, Haltestelle Zeitungsmuseum | Anfahrt A620, Ausfahrt Wadgassen, über die Lindenstraße, im Kreisel in die Saarstraße, dann linker Hand | Öffnungszeiten Di–So 10–16 Uhr (Tel. 06834/94230) | Tipp Das »Alte Wadgasser Wirtshaus« (Lindenstraße 26) – das Essen ist lecker und der Name Programm: Das Wohnhaus stammt aus dem 18., der Anbau aus dem 19. Jahrhundert.

108 Das Schloss Villeroy

Barocker Landstil à la française

In Wallerfangen gibt es einige prachtvolle historische Bauten: das Schwarze Schloss (Hospitalstraße 5), der ehemalige Gutshof des Reichskanzlers von Papen (Hauptstraße 11) und direkt gegenüber die Villa Fayence (Hauptstraße 12), aber das wohl imposanteste Gebäude ist das Schloss Villeroy de Galhau am Ortsausgang Richtung Dillingen, 1794 errichtet, ein großzügiger Bau im Stil französischer Landschlösser.

Der dazugehörige Park ist, bis auf die Reste eines barock gestalteten Gartens, im englischen Landschaftsstil gehalten. Orangerie, Remise, Gewächs- und Gärtnerhaus kamen erst in der Mitte des 19. Jahrhunderts dazu. Seit vielen Jahren lebt der saarländische Schriftsteller Alfred Gulden auf dem Parkgelände, in »Salms Haus«.

Bis zur Zerstörung Wallerfangens im Jahr 1691 stand an dieser Stelle ein Kapuzinerkloster. Der Wiederaufbau verlief schleppend, die Mönche zogen schließlich nach Saarlouis, da nutzte Georges Theodore Lasalle, Steuerpächter unter Ludwig XV., die Gunst der Stunde. 1741 erwarb er das Anwesen, von dem nur noch die Kellergewölbe existierten (sie existieren übrigens immer noch), und errichtete später auf den Ruinen einen Herrschaftssitz, der sich heute im Besitz der Familie Villeroy befindet. Im Jahr 1864 ließen die damaligen Besitzer eine neogotische Kapelle an den linken Schlossflügel anbauen, die heute aber in Mettlach steht (siehe Nummer 37).

Im Zweiten Weltkrieg kam es an Schloss Villeroy zu erheblichen Beschädigungen, die die Schlossbesitzer nach und nach beheben ließen. Bei einer dieser Maßnahmen transferierte die Familie die alte Toreinfahrt des zerstörten Schlosses von Beaumarais vor ihr eigenes und baute sie dort wieder auf.

Leider kann man Schloss Villeroy nur von außen besichtigen und deshalb leider nicht die aufwendige barocke Vertäfelung im Inneren des Gebäudes. Es sei denn, man kennt den Schlossherrn.

Adresse Hauptstraße 63, 66798 Wallerfangen | **ÖPNV** Bus 410, Haltestelle Kreissparkasse, kurzer Fußweg | **Anfahrt** A620, Ausfahrt Wallerfangen, Richtung Wallerfangen/Saarlouis, links auf Wallerfanger Straße, weiter auf Hauptstraße | **Öffnungszeiten** außen ganzjährig | **Tipp** Gegenüber steht das frühere Villeroysche Rentamt (2. Hälfte 19. Jahrhundert), wo sich früher der Friedhof des Kapuzinerklosters befand.

109 Das Haus Saargau

Bunte Holzklappläden und Mönch-Nonne-Ziegel

Teile des Saarlandes gehörten nach dem 30jährigen Krieg zum Herzogtum Lothringen. Diesem Umstand ist es zu verdanken, dass in vielen Orten der heutigen Kreise Merzig-Wadern und Saarlouis so genannte Lothringerhäuser, also Bauernhäuser im Lothringer Stil, errichtet wurden. Sie prägen bis heute das Bild vieler Gemeinden im westlichen Teil des Landes. Besonders zahlreich und oft in außergewöhnlich gutem Zustand sind die Lothringerhäuser in Hemmersdorf (zum Beispiel Lothringer Straße 112/129). Dafür wurde der Ort mehrfach ausgezeichnet.

Vor dem Dreißigjährigen Krieg waren hierzulande Einzelgehöfte üblich, die sich über die Landschaft verstreuten. In Lothringen hingegen wurden die Bauernhäuser parallel zur Dorfstraße gebaut. Das Lothringerhaus ist ein Einhaus: Wohn- und Wirtschaftsräume liegen unter einem Dach. Typisch sind der zweistöckige Wohnbereich mit dem zusätzlichen »Drempelgeschoss«, die mit Mönch-Nonnen-Ziegeln gedeckten Dächer und die Dreiteilung im Erdgeschoss: Stube zur Straße, Kammer nach hinten und dazwischen die Küche. Die Wärme des Küchenfeuers wurde so optimal verteilt. Die Häuser sind meist aus dem örtlichen Kalk- oder Sandstein gemauert, Fenster, Holzklappläden und Türen oft farbig angemalt.

Ein Lothringerhaus wie aus dem Bilderbuch ist das »Haus Saargau« in Gisingen. Im Gegensatz zu den Häusern in Hemmersdorf kann man es auch von innen bewundern, es wurde zum Museum ausgebaut. Der älteste Teil des Hauses, erbaut zwischen 1735 und 1750, wurde mit historischen Möbeln aus der Region ausgestattet. Sie stammen ebenfalls aus dem 18. Jahrhundert. Auch die Küche wurde mit authentischem Mobiliar versehen. In der Scheune, auf dem Heuboden und im Fruchtspeicher gibt es wechselnde Kunstausstellungen, wie auch in dem herrlichen Bauerngarten (»Duft- und Würzgarten«), der sich an die Rückseite des Hauses anschließt, Bienen-Lehrstand und Streuobstwiese inklusive.

Adresse Haus Saargau, Zum Scheidberg 11, 66798 Gisingen | ÖPNV Bus 421/422, Haltestelle Haus Saargau | Anfahrt A8, Ausfahrt Rehlingen-Siersburg über Hemmersdorf, in Gisingen an der Gaustraße links | Öffnungszeiten Mo–Mi 14–17 Uhr, Do, Fr 10–12 Uhr, So und feiertags 14–17 Uhr (Tel. 06837/912762) | Tipp Die Dorfbrunnenanlage (um 1800) im Nachbarort Rammelfangen ist im Saarland einmalig.

110 Die Neutrale Straße

Skurrile Grenzziehung im Saargau

Der Ort Leidingen im Saargau ist etwas Besonderes. Er liegt sowohl in Deutschland als auch in Frankreich. Die Grenze geht mitten durch die Hauptstraße, sie heißt auf deutscher Seite »Neutrale Straße«, auf französischer »Rue de la Frontière«. Gut 85 Prozent der Bevölkerung lebt auf der deutschen Seite, knapp 15 Prozent auf der französischen, die offiziell Leiding heißt und zur Commune Heining-lès-Bouzonville, zu Deutsch: Heiningen bei Busendorf, gehört.

Doch es gibt nicht nur zwei Sprachen im beschaulichen Leidingen, auch die Verwaltung ist geteilt. Die Franzosen müssen die Ämter in Lothringen aufsuchen, die Deutschen die im Saarland. Die Kinder aus Leiding besuchen die Grundschule in Bouzonville, die Kinder aus Leidingen die in Gisingen.

Das war nicht immer so. Im Mittelalter schlossen sich Leidingen und drei andere Ortschaften zu einer Gemeinde zusammen. Erst 1829 wurde eine Grenze durch die Gemeinde gezogen. Leidingen war ab sofort preußisch, die anderen Orte französisch. Doch die Leidinger pfiffen auf diese Regelungen. Um die gefühlte Einheit zu demonstrieren, baute man auf französischer Seite demonstrativ einige Häuser so nah wie möglich an die Grenze.

Erst der Streit um ein Waldstück, dessen nationale Zugehörigkeit nicht geklärt werden konnte, und der Bau einer Kirche im französischen Teil, die 1939 eingeweiht wurde und mit den Worten des damaligen Metzer Bischofs, den Beginn einer »geistigen Maginot-Linie« markieren sollte, sorgten in dieser national aufgeladenen Zeit für Zwist.

Immerhin: Bis 1943 gingen die Leidinger Kinder noch zur selben Schule. Nach dem Zweiten Weltkrieg forcierten die Franzosen die Einbindung Lothringens in den französischen Staat und verfolgten eine rigide Abgrenzungspolitik. Die Schüler durften fortan nur noch Französisch sprechen. Die Grenze, die weit über 100 Jahre von den Bewohnern ignoriert wurde, jetzt war sie fühlbar.

Adresse Neutrale Straße, 66798 Leidingen | ÖPNV Bus 422, Haltestelle Brunnen | Anfahrt A620, Ausfahrt Saarlouis-Mitte, über Felsberg und Ittersdorf oder A8, Ausfahrt Wallerfangen, über Gisingen und Ihn | Öffnungszeiten ganzjährig | Tipp Im Grenz-Glück (Neutrale Straße 30) kann man selbstgemachten Himbeerlikör und Reineclauden-Marmelade kaufen. Im alten Klosterhof (Ihner Straße 35) befindet sich eine Brennerei.

111 Das Weindorf

Glücksgefühle an den Schwarzrinderseen

Der Legende nach besuchte Alexander der Große einst in Korinth den Philosophen Diogenes, der in einem Fass wohnte. Als Alexander dem Bewohner des Fasses versprach, ihm jeden Wunsch zu erfüllen, soll Diogenes nur einen einzigen geäußert haben: »Geh mir nur ein wenig aus der Sonne!«

Diogenes ist mit an Sicherheit grenzender Wahrscheinlichkeit niemals im saarländischen Hochwald und erst recht nicht im Weiskirchener Ortsteil Thailen vorbeigekommen. Aber eines hätte ihm gefallen: dass man auch dort in einem Fass wohnen kann. Im Weindorf an den Schwarzrinderseen. Im 2014 erbauten Weinfasshotel erwarten den Besucher 16 Wohneinheiten, die sich aus einem Schlummer- und einem Badefass zusammensetzen, anders gesagt: 16 Schlafzimmer mit Dusche. Die runden, Weinfässern nachempfundenen »Tiny Houses« inmitten der saftig-grünen Landschaft erinnern weniger an das antike Korinth als vielmehr an das Auenland aus Tolkiens »Herr der Ringe« – ein romantisch-skurriles Bild.

Wer nicht wie Diogenes in einem Fass leben möchte, hat auch andere Möglichkeiten, hier sesshaft zu werden. Rund um die drei Seen gibt es viele Wohn- und Wochenendhäuser, die Teil eines alternativen Lebensprojekts sind. Aktuell sind etwa 200 Haushalte dauerhaft ansässig. Treffpunkt ist das Gemeinschaftshaus »Gudd Stubb«. Oder das Bistro am See. Dort sitzt man idyllisch unter Birken und Eichen mit Blick auf den weißen Sandstrand. Die Schwarzrinderseen waren ursprünglich Fischteiche. Lange war an ihren Ufern ein Campingplatz beheimatet, der 1999 verkauft und von den neuen Besitzern sukzessive zum Wohnpark umgewandelt wurde. Ein echtes Familienprojekt – mittlerweile ist die dritte Generation an die Seen gezogen.

Übrigens: Diogenes gehörte der Philosophenschule der Kyniker an, und deren Ziel war das Erreichen des Glücks. Die Schwarzrinderseen sind ein guter Ort, um diesem Ziel beträchtlich näher zu kommen.

Adresse Schwarzrinder See 1a, 66709 Thailen | **ÖPNV** Bus 216, Haltestelle Abzweigung Weierweiler, Noswendel, 10 Minuten Fußweg | **Anfahrt** A1, Ausfahrt Braunshausen, über Wadern oder A8, Ausfahrt Brotdorf, über Losheim | **Öffnungszeiten** Bistro: Mi–Sa 15–23 Uhr, So 8.30–23 Uhr (Tel. 06874/6516) | **Tipp** Im Café Collage (Hauptstraße 1) kann man Kaffee aus der hauseigenen Rösterei genießen, im benachbarten Weierweiler den größten Solarpark des Landes bewundern.

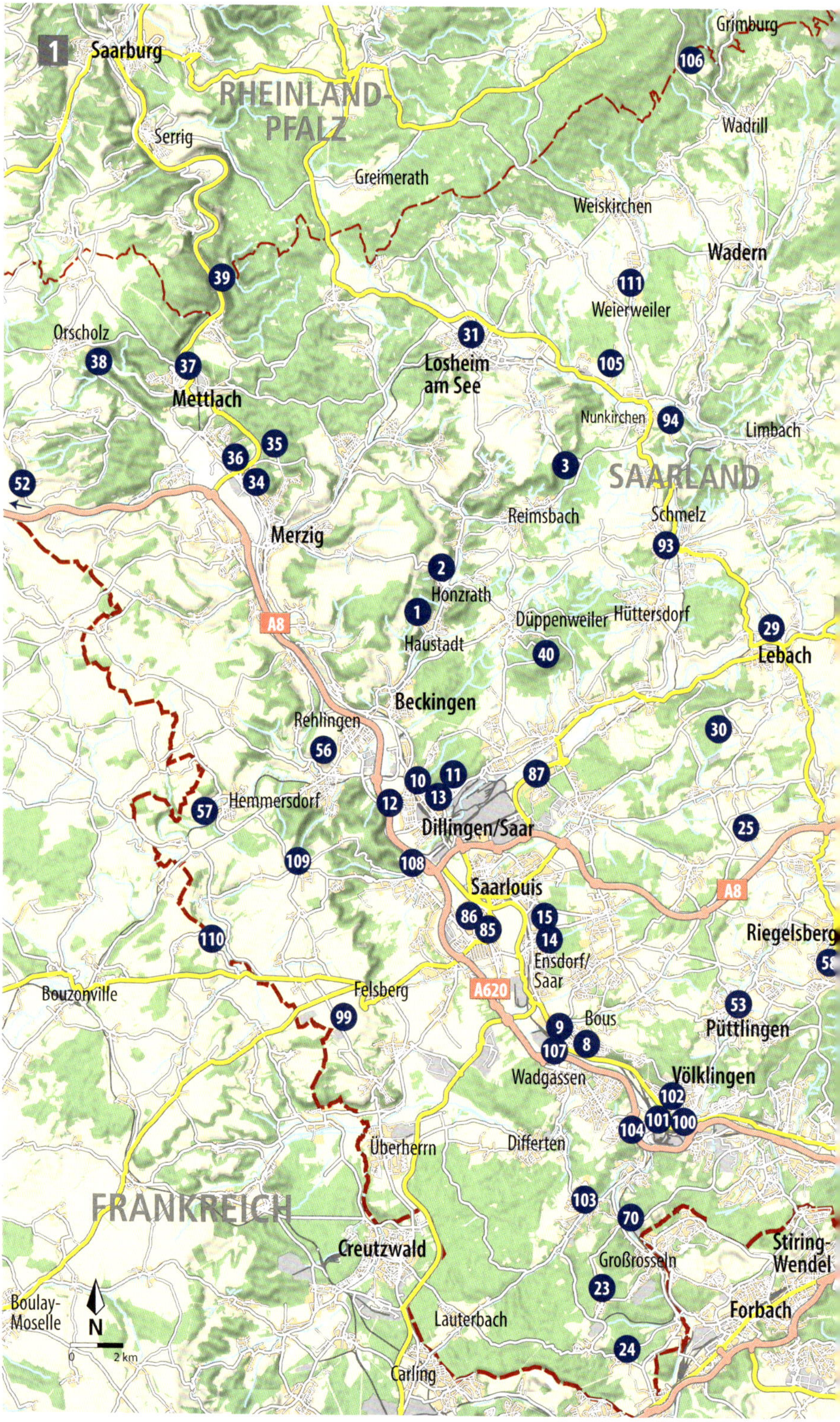

1
Saarburg
RHEINLAND-PFALZ
Serrig
Greimerath
Grimburg
Wadrill
Weiskirchen
Wadern
Weierweiler
Orscholz
Mettlach
Losheim am See
Nunkirchen
Limbach
SAARLAND
Merzig
Reimsbach
Schmelz
Honzrath
Haustadt
Düppenweiler
Hüttersdorf
Lebach
A8
Beckingen
Rehlingen
Hemmersdorf
Dillingen/Saar
Saarlouis
Riegelsberg
Ensdorf/ Saar
Bouzonville
Felsberg
A620
Bous
Püttlingen
Wadgassen
Völklingen
Überherrn
Differten
FRANKREICH
Creutzwald
Großrosseln
Stiring-Wendel
Forbach
Boulay-Moselle
Lauterbach
Carling
N
0
2 km

2
47
Nonnweiler
44
Baumholder
Nohfelden
46
Eckelhausen
Kastel
Bosen
45
Wolfersweiler
A62
A1
18
43
Freisen
Primstal
Namborn
Oberkirchen
95
48
Theley
Oberthal
97
96
Tholey
91
98
Sankt Wendel
33
Marpingen
RHEINLAND-
PFALZ
A1
SAARLAND
Fürth
51
49
16
50
Eppelborn
28
Ottweiler
Waldmohr
17
Illingen, Saar
Schiffweiler
A8
Merchweiler
92
41
Bexbach
A6
55
Neunkirchen
(Saar)
4
19
Quierschied
20
Friedrichsthal
42
26
A1
Elversberg-
Spiesen
Homburg
54
27
Fischbach
Sulzbach/
Saar
90
72
A623
65
88
A6
A8
67
Dudweiler
St. Ingbert
66
89
3
7
Zweibrücken
SAARBRÜCKEN
Niederwürzbach
5
Blieskastel
69
59
75
74
68
32
Böckweiler
Mandel-
bachtal
6
Hornbach
21
Saareguemines
Herbitzheim
71
22

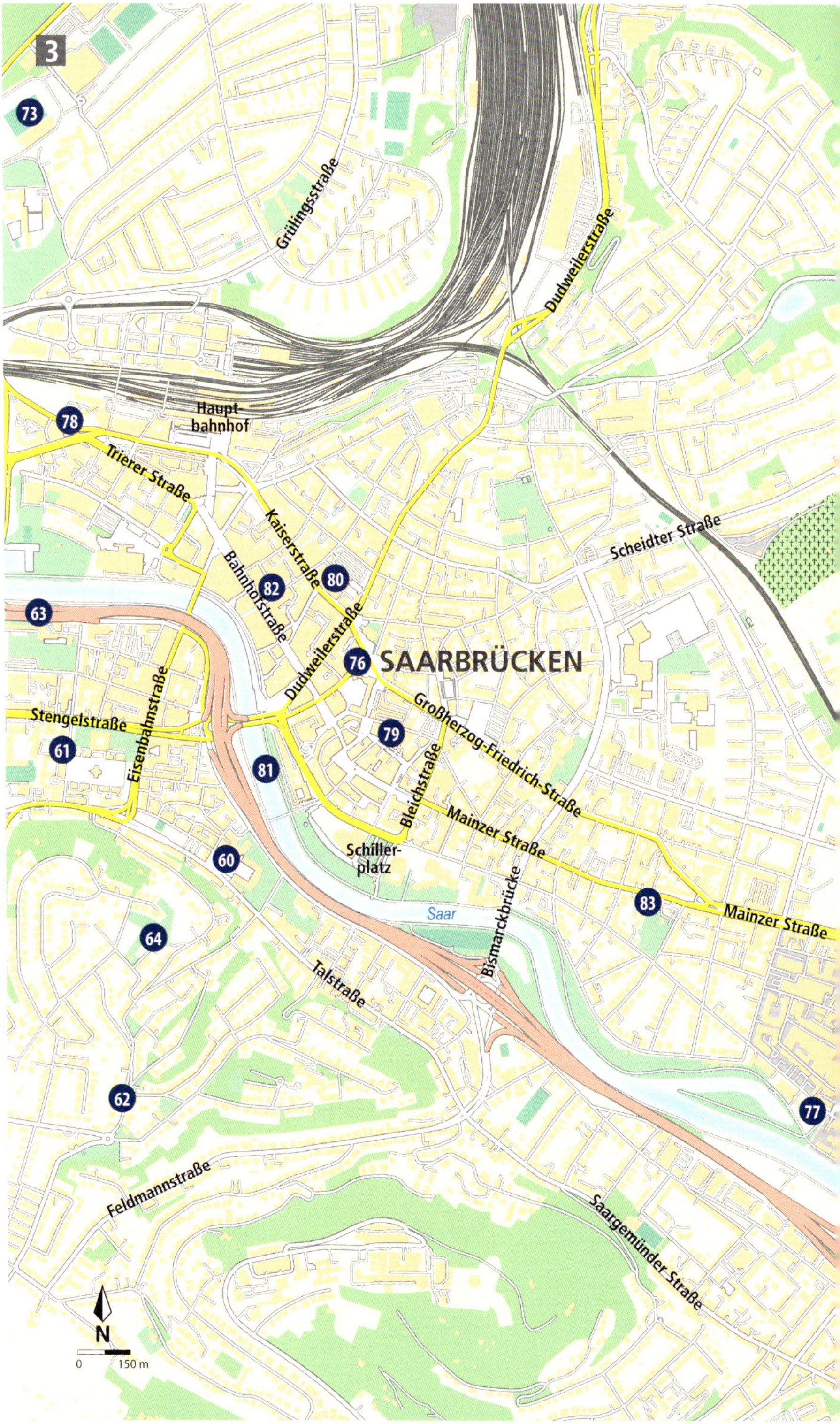
3
73
Grülingsstraße
Dudweilerstraße
Haupt-
bahnhof
78
Trierer Straße
Kaiserstraße
Scheidter Straße
Bahnhofstraße
82
80
63
Dudweilerstraße
76
SAARBRÜCKEN
Großherzog-Friedrich-Straße
Stengelstraße
79
61
Eisenbahnstraße
81
Bleichstraße
Mainzer Straße
Schiller-
platz
60
Bismarckbrücke
83
Mainzer Straße
Saar
64
Talstraße
62
77
Feldmannstraße
Saargemünder Straße
N
0
150 m

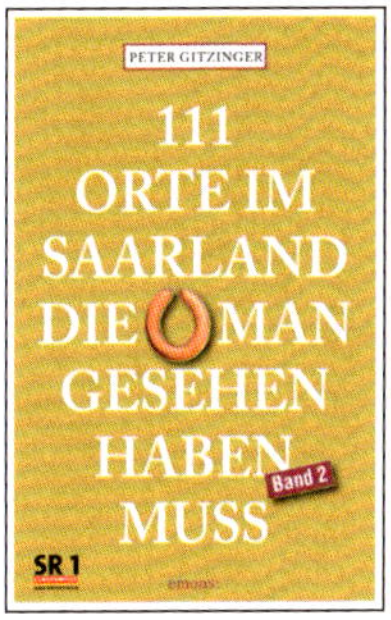

Peter Gitzinger
111 Orte im Saarland, die man gesehen haben muss, Band 2
ISBN 978-3-89705-886-6

Stefanie Jung
111 Orte in Mainz, die man gesehen haben muss
ISBN 978-3-95451-041-2

Anke Müller
111 Orte an der Mosel, die man gesehen haben muss
ISBN 978-3-95451-325-3

Barbara Kemmer, Frank Schmitt
111 Orte in Koblenz, die man gesehen haben muss
ISBN 978-3-7408-0439-8

Bernd Imgrund
111 Orte in der Eifel, die man gesehen haben muss
ISBN 978-3-7408-1231-7

Bernd Imgrund
111 Orte in der Eifel, die man gesehen haben muss, Band 2
ISBN 978-3-7408-0552-4

Carsten Neß, Theo Haart
111 Tiere und Pflanzen an der Mosel, die man kennen muss
ISBN 978-3-7408-0563-0

Christina Kuhn, Christian Löhden
111 Orte in der Pfalz, die man gesehen haben muss
ISBN 978-3-7408-1192-1

Elisabeth Friesenhahn, Peter Friesenhahn
111 Orte im Hunsrück, die man gesehen haben muss
ISBN 978-3-7408-1090-0

Stefanie Jung
111 Orte in Rheinhessen, die man gesehen haben muss
ISBN 978-3-7408-1307-9

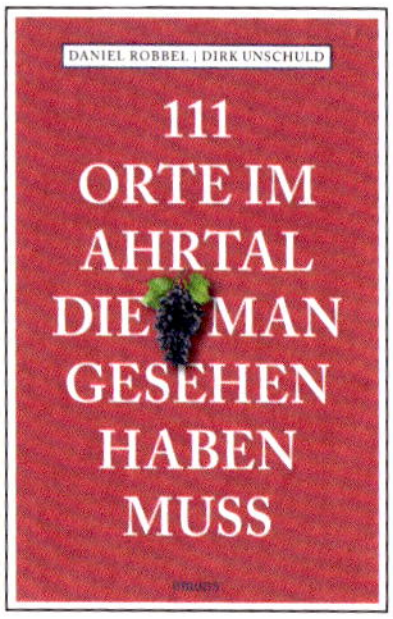

Daniel Robbel, Dirk Unschuld
111 Orte im Ahrtal, die man gesehen haben muss
ISBN 978-3-7408-1370-3

Peter Bieg, Maximilian Staub
111 Orte in Trier, die man gesehen haben muss
ISBN 978-3-7408-1294-2

Regina Urbach
111 Orte in und um Worms, die man gesehen haben muss
ISBN 978-3-7408-1172-3

Jo Berlien, Sabina Paries
111 Orte in Straßburg, die man gesehen haben muss
ISBN 978-3-7408-0576-0

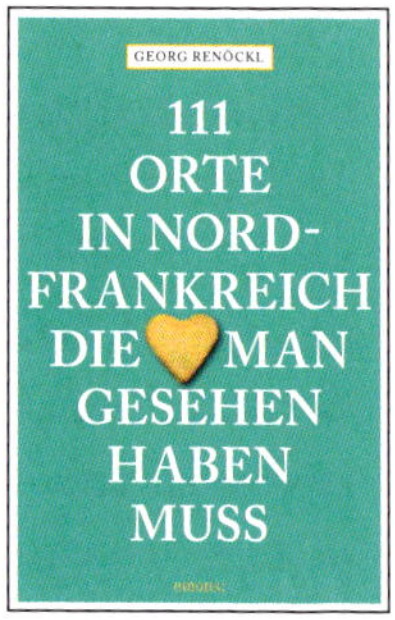

Georg Renöckl
111 Orte in Nordfrankreich, die man gesehen haben muss
ISBN 978-3-7408-0559-3

Martin Roos,
Jean-Claude Bourgueil,
Tom Jasny
111 Orte in der Champagne, die man gesehen haben muss
ISBN 978-3-7408-1084-9

Barbara Krull
111 Orte im Elsass, die man gesehen haben muss
ISBN 978-3-95451-596-7

Gabriele Kalmbach
111 Orte in Stuttgart, die man gesehen haben muss
ISBN 978-3-7408-0974-4

Barbara Riess
111 Orte in Freiburg, die man gesehen haben muss
ISBN 978-3-7408-1073-3

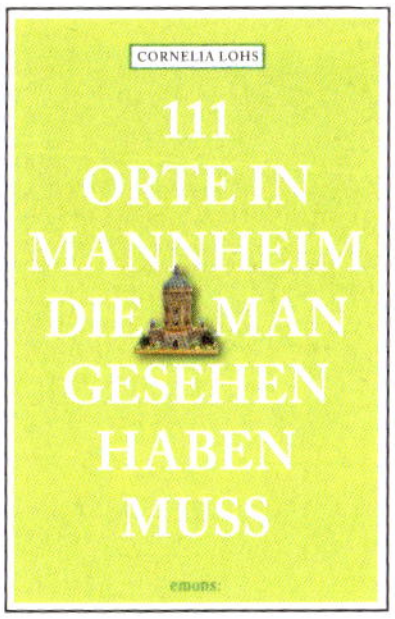

Cornelia Lohs
111 Orte in Mannheim, die man gesehen haben muss
ISBN 978-3-7408-0554-8

HP Mayer
111 Orte in Heidelberg, die man gesehen haben muss
ISBN 978-3-7408-0246-2

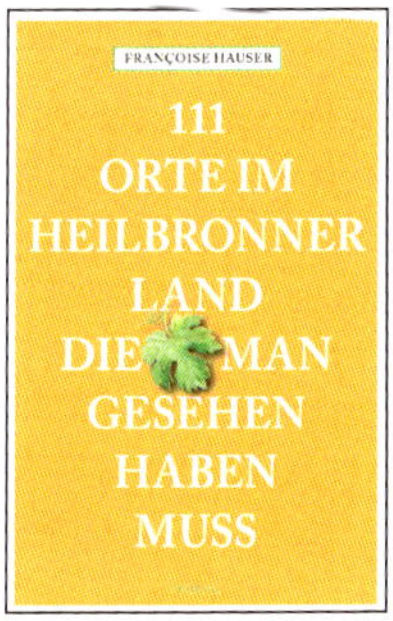

Françoise Hauser
111 Orte im Heilbronner Land, die man gesehen haben muss
ISBN 978-3-95451-842-5

Kirsten Elsner-Schichor, Rainer Bodemer
111 Orte in Karlsruhe, die man gesehen haben muss
ISBN 978-3-95451-593-6

Dietlind Castor
111 Orte am Bodensee, die man gesehen haben muss
ISBN 978-3-7408-1098-6

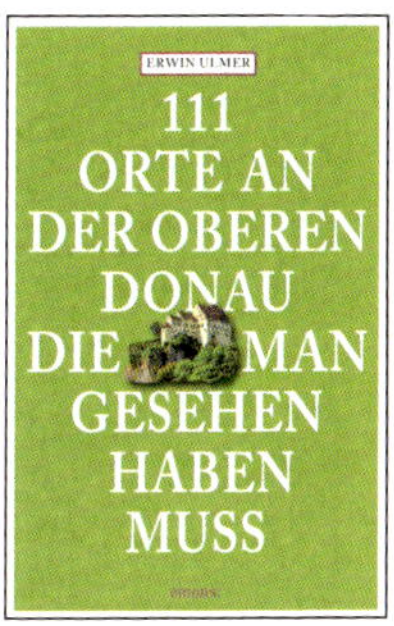

Erwin Ulmer
111 Orte an der oberen Donau, die man gesehen haben muss
ISBN 978-3-95451-494-6

Barbara Krull
111 Orte am Kaiserstuhl, die man gesehen haben muss
ISBN 978-3-95451-562-2

Gabriele Kalmbach
111 Orte im Stuttgarter Umland, die man gesehen haben muss
ISBN 978-3-95451-855-5

Erwin Ulmer
111 Orte in Ulm, um Ulm und um Ulm herum, die man gesehen haben muss
ISBN 978-3-95451-856-2

Katharina Sommer
111 Orte in und um Tübingen, die man gesehen haben muss
ISBN 978-3-95451-852-4

Erwin Ulmer
111 Orte am oberen und mittleren Neckar, die man gesehen haben muss
ISBN 978-3-7408-0364-3

Erwin Ulmer
111 Orte in Oberschwaben, die man gesehen haben muss
ISBN 978-3-7408-0860-0

Daniela Bianca Gierok, Ralf H. Dorweiler
111 Orte im Südschwarzwald, die man gesehen haben muss
ISBN 978-3-7408-1082-5

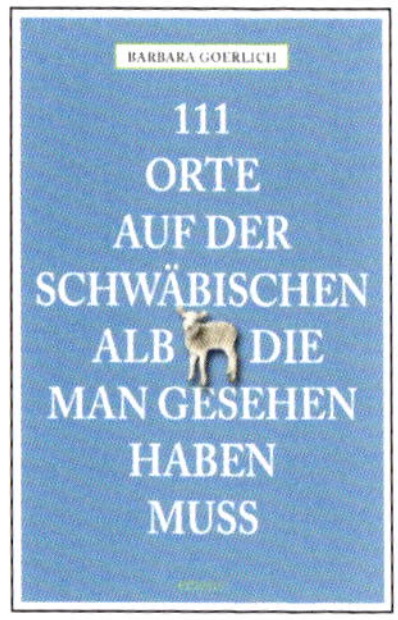

Barbara Goerlich
111 Orte auf der Schwäbischen Alb, die man gesehen haben muss
ISBN 978-3-7408-1303-1

Barbara Goerlich
111 Orte in und um Reutlingen, die man gesehen haben muss
ISBN 978-3-7408-1085-6

Ute Blessing
111 Orte im Remstal, die man gesehen haben muss
ISBN 978-3-7408-1356-7

Matz Kastning, Steffi Knebel
111 Orte in Konstanz, die man gesehen haben muss
ISBN 978-3-7408-1207-2

Danksagung

Ohne meine vielen Helfer und Informanten hätte ich dieses Buch niemals schreiben können. Mein Dank gilt vor allem meiner Frau Kirstin und den zahlreichen anderen Mitgliedern der Gitzinger-Sippe: Anna, Georg, Martin, Klaus, Petra, Rut und Willi. Aber auch Fritz, Trix und Tom Rüdell, außerdem Vera und Reiner Ehl, Jeannette Burr und Jürgen Schmitt, Margret und Markus Scherer, Maria Johannes, Stefan Hirsch, Jürgen Mohr und Werner Dörr. Bedanken möchte ich mich auch bei Sonja Erdmann, Christel Steinmetz, Ines Engbarth, Britta Schmitz und Jens Dreisbach für ihre stets freundliche und hilfreiche Unterstützung.
Falls Sie Anmerkungen oder Korrekturen zu diesem Buch haben, werden wir uns bemühen, dies in der nächsten Auflage zu berücksichtigen. Wenden Sie sich bitte an post@gitzinger.com.

Peter Gitzinger, geboren und aufgewachsen im Saarland, ist seit vielen Jahren als Autor und Headwriter für zahlreiche Comedy- und Kabarettformate im deutschen Fernsehen tätig. Zudem schreibt er für die Bühne und ist fester Autor der Kölner »Stunksitzung«. Neben seiner Autorentätigkeit unterrichtet er als Gastdozent an einer privaten Schauspielakademie.